∇

KARL-HEINZ RONECKER

Liedpredigten

Von Advent bis in die österliche Zeit

Mit einem Geleitwort
von Wolfgang Huber

RADIUS

Karl-Heinz Ronecker
1936 in Karlsruhe geboren, studierte in Bethel, Göttingen und Heidelberg Evangelische Theologie und Philosophie. Anschließend war er Religionslehrer und Jugendpfarrer in Karlsruhe, Studentenpfarrer in Freiburg, Gemeindepfarrer und Dekan des Kirchenbezirks Freiburg i. Br. und von 1991 bis 2001 Propst der Evangelischen Kirche in Jerusalem und in dieser Funktion zugleich der Repräsentant der EKD im Heiligen Land. Er lebt seit seiner Rückkehr in Kirchzarten bei Freiburg.

Wolfgang Huber
1942 in Straßburg geboren, war 1997 bis 2009 Mitglied und von 2003 bis 2009 Vorsitzender des Rates der Ev. Kirche in Deutschland. Seitdem mehrere Studien- und Vortragsreisen durch Südafrika und dort seit 2010 Fellow des Stellenbosch-Institutes for Advanced Study.

ISBN 978-3-87173-951-4
Copyright © 2013 by RADIUS-Verlag GmbH Stuttgart
Alle Rechte der Verbreitung, auch durch Film, Funk, Fernsehen,
fotomechanische Wiedergabe, Tonträger jeder Art,
auszugsweisen Nachdruck oder Einspeicherung
und Rückgewinnung in Datenverarbeitungsanlagen aller Art
sind vorbehalten.
Redaktion: Wolfgang Brinkel
Umschlag: André Baumeister
Auf holz- und säurefreiem Werkdruckpapier gedruckt
Gesamtherstellung: CPI – Clausen & Bosse, Leck
Printed in Germany

Geleitwort von Wolfgang Huber

Karl-Heinz Ronecker bin ich über viele Jahrzehnte hin immer wieder begegnet: als Studentenpfarrer, Gemeindepfarrer und Dekan in Freiburg im Breisgau, der Stadt meiner Jugend, als Teilnehmer am Kontaktstudium für badische Pfarrer in Heidelberg, als Propst an der Erlöserkirche in Jerusalem und damit Repräsentant der Evangelischen Kirche in Deutschland im Heiligen Land, als Ruheständler und nach wie vor hellwacher Theologe in Kirchzarten bei Freiburg. Stets habe ich ihn als jemanden erlebt, der als Pfarrer mit Leidenschaft Theologe und als Theologe mit Leidenschaft Pfarrer blieb.

Pfarrer – das heißt im evangelischen Verständnis vor allem: Prediger des Evangeliums. Freilich gibt es unterschiedliche Arten der Predigt. Manche riskieren so viel Aktualität, dass sie so schnell überholt sind wie die Zeitung von gestern. Und es gibt andere mit seelsorgerlichem Tiefgang, die nicht nur Hörerinnen und Hörer, sondern auch Leserinnen und Leser ansprechen, denen sie in gedruckter Form in die Hand kommen.

Von der zweiten Art sind Karl-Heinz Roneckers Predigten: seelsorgerlich einfühlsam, weil auch die Seele des Predigers selbst spürbar beteiligt ist, und darüber hinaus theologisch durchdacht, literarisch bewandert, ohne jeden unnötigen Zierrat. Nahrung für Geist und Seele.

Hier veröffentlicht nicht ein Prediger diejenigen seiner Predigten, die ihm selbst am besten gefallen. Sondern hier stellt einer Liedpredigten zu wichtigen Zeiten des Kirchenjahrs zusammen, die dem Kernbestand evangelischer Kirchenlieder gewidmet sind. Martin Luther und Paul Gerhardt stehen im Zentrum; zehn der sechzehn Predigten sind ihnen gewidmet. Daneben stehen so wichtige evangelische Dichter wie Elisabeth Cruciger und Johann Gramann, Johann Franck und Johann Jakob

Schütz, Philipp Nicolai und Jochen Klepper. Karl-Heinz Ronecker spürt vor allem ihren Texten nach und deckt deren biblische Wurzeln, insbesondere in den Psalmen, auf. Aber er sinnt auch immer wieder den Melodien nach und macht auf rhythmische Besonderheiten aufmerksam. Vor allem aber erinnert er daran, dass die Lieder zum Singen einladen, weil wir singend zum Lob Gottes frei werden. Man muss sich vorstellen, dass die Lieder im Gottesdienst gesungen wurden, bevor der Prediger sie auslegte. Und man möchte der Leserin und dem Leser wünschen, dass sie oder er die im Wortlaut abgedruckten Lieder, vielleicht sogar miteinander, singen, bevor sie die Auslegung lesen – oder einander vorlesen.

Ronecker vollzieht in seinen Predigten die theologische Bewegung, die Anselm von Canterbury beschrieb, als er von dem Glauben sprach, der auf Verstehen drängt *(fides quaerens intellectum)*. Doch noch wichtiger ist diesem Prediger, dass Verstehen und Empfinden zusammenkommen. Er will unseren Glauben nicht der Alternative zwischen Verstand und Gefühl ausliefern; er will zu einer Lebenshaltung aus Glauben helfen, in der beides zusammenkommt. Mit der Sprache der Psalmen und der Lieder lädt er zum dankbaren Staunen über Gottes Güte ein. Am Beispiel der österlichen Freude sagt er: »Ich denke manches Mal, dass der, der sich einfach hineinnehmen lässt in das große Lob des großen Gottes, den besseren Zugang zu Ostern findet als der, der darauf wartet, bis ihm alles erklärt wird.«

Karl-Heinz Ronecker erklärt viel; aber er wartet nicht, bis alles erklärt ist. Auch wenn wir einstweilen manches bestenfalls im Umriss sehen wie in einem dunklen Spiegel, können wir in das Gotteslob einstimmen, für das die großen Lieder der evangelischen Tradition den Ton vorgeben. Dazu lädt dieses Buch ein.

In Erinnerung an meinen Freund Gerhard Kaiser,
Liebhaber der Schrift und der Dichtung

Vorwort von Karl-Heinz Ronecker

In der frühen Christenheit war es üblich, dass die Mit-
wirkenden am Gottesdienst von der Sakristei, die sich oft
am Eingang der Kirche befand, in den Altarraum zogen.
Orgeln gab es noch nicht. Andere Instrumente waren
zum christlichen Gottesdienst nicht zugelassen. Sie galten
als heidnisch. Ein schweigender Einzug aber wirkte
gespenstisch. So kam es, dass zur Eingangsprozession
gesungen wurde. Es war auch nicht schwer, passende
Gesänge zu finden. Das Gebetbuch der Bibel, der Psalter,
war voll davon.

Gleichzeitig verbanden die Psalmen den Gottesdienst
in der Kirche mit dem Tempelgottesdienst in Jerusalem
und das Gebet der Synagoge mit dem der Gemeinde
Jesu. Dadurch haben auch wir Anteil an dem, was die
Psalmen einzigartig macht.

Es war Martin Luthers Absicht, die alten Gesänge der
Kirche ins Deutsche zu übertragen, damit sie von der
Gemeinde verstanden und gesungen werden könnten. In
einem Brief an seinen Freund und Mitarbeiter *Georg
Spalatin* schrieb Luther: »Wir planen nach dem Beispiel
der Propheten und der alten Kirchenväter für die Gemeinde deutsche Psalmen zu dichten, geistliche Gesänge,
damit Gottes Wort auch gesungen im Volk lebe.«

Wer singt, betet doppelt. Dieser Satz wird dem Kir-
chenvater *Augustin* zugeschrieben. Ähnliches sagt man
von *Martin Luther*. Als Mönch kannte er das Stundenge-
bet. Dabei ging es ihm freilich nicht um liturgische Pro-
bleme. Für ihn war Musik ein Element der Seelsorge. Die
Musik, so schrieb er, vertreibt den Geist der Traurigkeit.

Noch wichtiger als die liturgische bzw. seelsorgerliche
Funktion des Liedes kann der Chorgesang zur Verbreitung des Evangeliums eine wichtige Rolle spielen.

Als ich mich daran machte, eine Reihe von Liedpredigten zusammenzustellen, fielen mir viele Menschen ein, denen ich für das Gelingen des Buchprojektes zu danken habe.

Da ist zuerst die Gemeinde der Ludwigskirche in Freiburg, die offen war, Experimente mitzutragen, allen voran die Organisten, die bereit waren, die Gottesdienste thematisch mitzugestalten. Ihre Freude schlug auf den Prediger zurück.

Sehr herzlich bedanke ich mich bei meiner Frau Inge für die Zeit, die sie mir zur Verfügung gestellt hat, ihren Rat und ihr liebevoll-kritisches Geleit.

Aber ohne den zeitaufwendigen Einsatz von Wolfgang Brinkel wäre das Buch nicht entstanden. Er hat nicht nur das Projekt angeregt, mich ermutigt und gedrängt; vor allem hat er im Wesentlichen die Vorbereitungen für die Drucklegung übernommen.

Ebenfalls danke ich Wolfgang Erk und Martin Scharpe vom Radius Verlag, dass sie die Liedpredigten in ihr Verlagsprogramm aufgenommen haben.

Die Lieder sind entnommen aus dem Gesangbuch der Evangelischen Landeskirche in Baden, 1996; die Bibeltexte sind zitiert nach der Lutherbibel (revidierte Fassung von 1984).

Kirchzarten, im Mai 2013　　　　　*Karl-Heinz Ronecker*

Nun komm, der Heiden Heiland
EG 4

1. *Nun komm, der Heiden Heiland, / der Jungfrau-*
en Kind erkannt, / daß sich wunder alle Welt, / Gott
solch Geburt ihm bestellt.
2. *Er ging aus der Kammer sein, / dem königlichen*
Saal so rein, / Gott von Art und Mensch, ein Held; /
sein' Weg er zu laufen eilt.
3. *Sein Lauf kam vom Vater her / und kehrt wieder*
zum Vater, / fuhr hinunter zu der Höll / und wieder
zu Gottes Stuhl.
4. *Dein Krippen glänzt hell und klar, / die Nacht gibt*
ein neu Licht dar. / Dunkel muß nicht kommen
drein, / der Glaub bleib immer im Schein.
5. *Lob sei Gott dem Vater g'tan; / Lob sei Gott seim*
ein'gen Sohn, / Lob sei Gott dem Heilgen Geist / im-
mer und in Ewigkeit.

Text: Martin Luther 1524 nach dem Hymnus »Veni redemptor
gentium« des Ambrosius von Mailand um 386; Melodie: Ein-
siedeln 12. Jh., Martin Luther 1524

Das Lied »*Nun komm, der Heiden Heiland*« ist eines der
ältesten Adventslieder. Um es genauer zu sagen: Das Lied
entstand bereits, als in der Christenheit die Advents-
zeit noch gar nicht begangen wurde. Darum gehört es zu
Advent und Weihnachten in gleichem Maße.

Unserem Lied liegt der Hymnus des im Jahr 397 ver-
storbenen Mailänder Bischofs *Ambrosius* zugrunde: »*Ve-*
ni redemptor gentium …« – »Komm, Erlöser der Welt …«.

Es war *Martin Luthers* Absicht, die alten Gesänge der
Kirche ins Deutsche zu übertragen, damit sie von der Gemeinde verstanden und gesungen werden konnten. In einem Brief an seinen Freund und Mitarbeiter *Georg Spa-*
latin schrieb Luther: »Wir planen nach dem Beispiel der

13

Propheten und der alten Kirchenväter für die Gemeinde deutsche Psalmen zu dichten, geistliche Gesänge, damit Gottes Wort auch gesungen im Volk lebe.«

Von den 34 Liedern Martin Luthers, die es im Stammteil unseres Gesangbuches gibt, sind 10 solche Umdichtungen. Eines davon ist das weihnachtliche Lied »*Nun komm, der Heiden Heiland*«.

Der Reformator hat sich hier ganz eng an die lateinische Vorlage gehalten. Er hat zudem die auf uns holprig wirkende Versgestaltung der Meistersinger übernommen. Das macht das Lied schwer zugänglich. Dennoch hat es Wichtiges zu sagen. Ich will einiges davon herausgreifen.

Jesus wird hier der Heiden Heiland genannt. Er ist also nicht bloß der Helfer derer, die dazugehören. Im Gegenteil. Er ist gerade für die da, die sich draußen befinden.

Normalerweise kennen wir das anders. Da steht man vor allem für die ein, die den »Stallgeruch« haben. So wie eine Fußballmannschaft versucht, den Ball in ihren eigenen Reihen zu halten, schiebt man einander Chancen und Informationen, ja bisweilen auch Posten zu. Kompetenz ist wenig gefragt, wohl aber Zugehörigkeit.

Die christliche Gemeinde macht da oft keine Ausnahme. Auch dort lässt man die, die nicht zum engeren Kreis gehören, gerne links liegen. ›Herr Pfarrer, die brauchen Sie nicht zu besuchen. Die geh'n eh nicht zur Kirche.‹ So habe ich das eine oder andere Mal in meiner Freiburger Gemeinde gehört. Oder auch: ›So einen nehmen Sie mit auf die Jugendfreizeit? Den würden Sie besser daheim lassen und den Platz ein paar Anständigen geben.‹

Der Herr dieser Kirche hat jedoch anders gehandelt. Er ist der Heiden Heiland geworden. Auch der Heiland der Schuldigen. Und das ist unser Glück. Denn darum dürfen auch wir dazugehören.

»... dass sich wunder alle Welt, / Gott solch Geburt ihm be-stellt.« So heißt es am Ende der ersten Strophe. Darüber kann man tatsächlich staunen. Der, der – wie es im Lied heißt –, die ganze Welt durchschreitet, der also einen ungeheuren Spannungsbogen hat, wurde ein armseliges Kind.

Der Glanz, den wir inzwischen über Weihnachten gebreitet haben, sollte uns nicht darüber hinwegtäuschen, wie dürftig alles zuging. Es gab keine Blumen, keine Grußtelegramme berühmter Leute, noch nicht einmal eine ordentliche Unterkunft.

In einer Welt, in der die meisten aufsteigen wollen und diejenigen, die oben sitzen, ihre Position hart verteidigen, hat Gott den umgekehrten Weg eingeschlagen. Er stieg hinab.

In unserem Lied herrscht eine starke Spannung zwischen der kosmischen Weite und der Enge der Krippe: *»Sein Lauf kam vom Vater her ...«* oder: *»... fuhr hinunter zu der Höll / und wieder zu Gottes Stuhl«.* Was hat es sich Gott nicht alles kosten lassen, um uns nahe zu sein!

Warum er das tat? Die Bibel hat eine einfache und dennoch sehr gewichtige Erklärung: aus Liebe. Gott kam uns nahe, weil wir seinem Herzen nahe stehen. Dabei hat er nicht zuerst die Glänzenden aufgesucht, sondern die, die von den anderen abgeschrieben waren und die Gefahr liefen, sich selbst aufzugeben.

Unser Lied ist voll von einem geheimen Licht. Es sagt, dass die Nacht nicht Nacht bleiben muss und dass auch die Menschen in der Tiefe mit ihm rechnen können. Zugleich ist der Hymnus des Ambrosius ein Lied der Sehnsucht. *»Veni redemptor gentium«* – *»Nun komm, der Heiden Heiland.«*

Auch das macht das Lied für uns wichtig. Denn auch wir sind darauf angewiesen, dass der, der damals gekommen ist, in der Enge auch unseres Lebens sichtbar wird. Und wir können daraufhin aufatmen, weil ihm die

Zukunft gehört und er das letzte Wort sprechen wird: das Wort der Liebe, das stärker ist, als alles menschliche Versagen, kräftiger als alle Enttäuschungen, die wir einander bereiten und wirksamer als alle Bosheit dieser Welt.

Der altchristliche Hymnus erzählt von der Herrlichkeit des ewigen Gottes und zugleich davon, dass dieser ganz in unsere Niedrigkeit gekommen ist. Nun geht es aber nicht nur um das Staunen, wie groß und herrlich Gott ist. Es geht auch um die Frage, wie es sich lebt, wenn man dies glaubt.

Es ist geradezu faszinierend, dass uns der gleiche Mann eine Antwort geben kann, der den Hymnus gedichtet hat: Ambrosius, der Bischof von Mailand.

Um einen Aufruhr unter den Bewohnern in der alten Stadt Thessaloniki zu bestrafen, hatte der römische Kaiser *Theodosius* mehrere tausend Bürger in ein Amphitheater locken und sie dort von Soldaten niedermetzeln lassen.

Theodosius nannte sich Christ. Er hatte sogar das Christentum zur Staatsreligion erhoben. Es gab darum mehrere Gründe für die Kirche, sich gut mit ihm zu stellen. Nach dem Blutbad von Thessaloniki schrieb ihm jedoch Bischof Ambrosius einen Brief. Darin heißt es: »Geschehen ist in Thessalonich, was sich seit Menschengedenken nicht zugetragen hat, was ich leider nicht verhindern konnte. Ich weiß mich wahrlich als Schuldner deiner Güte und kann dir nicht undankbar sein. Aber ich wage nicht, das Heilige Mahl darzubieten, wenn du daran teilnehmen solltest. Oder sollte, was angesichts des unschuldigen Blutes eines Einzigen nicht erlaubt ist, dir erlaubt sein, wo es sich um so viele handelt?«

Der Kaiser, so hieß dies im Klartext, würde nicht zum Abendmahl zugelassen – und das hieß ja zugleich zur kirchlichen Gemeinschaft –, es sei denn er wäre bereit, seine Tat vor Gott zu bereuen und öffentlich Buße zu tun.

»Wenn du glaubst«, lesen wir am Ende des Briefes, »folge meiner Mahnung. Wenn, sage ich noch einmal, du glaubst. Wenn du aber nicht glaubst, dann verzeih was ich tue, dass ich nämlich Gott den Vorzug gebe.«

Das kann man nur mit angehaltenem Atem lesen. Leider hat es sich in der Geschichte der Christenheit nicht allzu oft wiederholt. Wo immer es aber geschah, hing dies damit zusammen, dass Menschen begriffen hatten, was das alte Adventslied sagt: dass nämlich Gott unbegreiflich groß ist und dass er seine Größe gerade darin zeigt, dass er zu den Kleinsten der Kleinen steht.

Weil er aber alle Macht hat im Himmel und auf Erden, darum gilt auch uns die Zusage: »Es ist kein Grauen so mächtig, es ist kein Fürchten so bang, kein Trachten so niederträchtig: Lebt einer, der es bezwang.« (Rudolf Alexander Schröder)

Daraus können dann auch wir den Mut bekommen, der den Herren dieser Welt entgegentritt, um ihnen zu sagen, dass es gilt, Gott mehr zu gehorchen als den Menschen. Ambrosius hat dies getan.

Ähnliches gilt für alle, die es wagten, in der Zeit des fürstlichen Absolutismus bei Hofe von Recht und Unrecht zu sprechen. Es wurde ihnen im Regelfall nicht gedankt.

Den gleichen Mut zeigten die Frauen und Männer der Bekennenden Kirche. Im Jahre 1937 schrieb zum Beispiel die »Vorläufige Leitung der Deutschen Evangelischen Kirche« an den Reichskanzler Adolf Hitler. »Das evangelische Gewissen, das sich für Volk und Regierung verantwortlich weiß, wird auf's härteste belastet durch die Tatsache, dass es in Deutschland, das sich selbst als Rechtsstaat bezeichnet, noch immer Konzentrationslager gibt und dass die Maßnahmen der Geheimen Staatspolizei jeder richterlichen Nachprüfung entzogen sind.

Die evangelische Christenheit erkennt auch in diesen Dingen die Gefahr, dass in unserem sittlich rechtlichen

Denken ein antichristlicher Geist zur Herrschaft kommt. Unser Volk droht, die ihm von Gott gesetzten Schranken zu zerbrechen. Es will sich selbst zum Maß aller Dinge machen. Das ist Überheblichkeit, die sich gegen Gott richtet.

Wir bitten um die Freiheit für unser Volk, seinen Weg in die Zukunft unter dem Zeichen des Kreuzes gehen zu dürfen, dass nicht dereinst die Enkel ihren Vätern fluchen, weil sie ihnen zwar einen Staat auf der Erde bauten, das Reich Gottes aber ihnen verschlossen.

Was wir in diesem Schreiben dem Führer gesagt haben, mußten wir sagen in der Verantwortung unseres Amtes. Die Kirche steht in der Hand des Herrn.«

An dieser Stelle berührt sich alles, wovon bisher die Rede war, mit dem Prophetenwort zum 1. Advent (Jer 23, 5-8). Das sagt uns zum einen, dass wir gegenwärtig in einer Zwischenzeit leben. Weil der gerechte König erst kommen wird, ist es kein Wunder, dass unter uns noch immer Unrecht geschieht. Weil uns sein Kommen jedoch zugesagt ist, darum brauchen wir uns von Bosheit und Gewalt nicht einschüchtern zu lassen.

Dies wird sein Name sein: »Der HERR, unsere Gerechtigkeit.« (Jer 23,6) Das kann man nicht hören, ohne zugleich an die Seligpreisungen der Bergpredigt zu denken. Dort hat Jesus klar und unmissverständlich gesagt, was einmal endgültig sein wird: dass die Traurigen getröstet werden, der Hunger nach Gerechtigkeit gestillt wird und dass die Sanftmütigen die Erde besitzen.

Das Ziel bestimmt den Weg. Wenn Gottes Zukunft so aussehen wird, dann werden wir bereits jetzt dazu ermutigt, Zeichen dessen aufzurichten, was für immer gilt. Damit auch in unserer Umgebung weniger geweint werden muss, die Schwachen zu ihrem Recht kommen und alle, die Barmherzigkeit üben, nicht die Dummen sind, sondern die Vorboten der kommenden Welt.

Die Nacht ist vorgedrungen
EG 16

1. Die Nacht ist vorgedrungen, / der Tag ist nicht mehr fern! / So sei nun Lob gesungen / dem hellen Morgenstern! / Auch wer zur Nacht geweinet, / der stimme froh mit ein. / Der Morgenstern bescheinet / auch deine Angst und Pein.

2. Dem alle Engel dienen, / wird nun ein Kind und Knecht. / Gott selber ist erschienen / zur Sühne für sein Recht. / Wer schuldig ist auf Erden, / verhüll nicht mehr sein Haupt. / Er soll errettet werden, / wenn er dem Kinde glaubt.

3. Die Nacht ist schon im Schwinden, macht euch zum Stalle auf! / Ihr sollt das Heil dort finden, / das aller Zeiten Lauf / von Anfang an verkündet, / seit eure Schuld geschah. / Nun hat sich euch verbündet, / den Gott selbst aussersah.

4. Noch manche Nacht wird fallen / auf Menschenleid und -schuld. / Doch wandert nun mit allen / der Stern der Gotteshuld. / Beglänzt von seinem Lichte, / hält euch kein Dunkel mehr, / von Gottes Angesichte / kam euch die Rettung her.

5. Gott will im Dunkel wohnen / und hat es doch erhellt. / Als wollte er belohnen, / so richtet er die Welt. / Der sich den Erdkreis baute, / der läßt den Sünder nicht. / Wer hier dem Sohn vertraute, / kommt dort aus dem Gericht.

Text: Jochen Klepper 1938; Melodie: Johannes Petzold 1939

Das Lied »Die Nacht ist vorgedrungen« wurde von *Jochen Klepper* kurz vor dem Ausbruch des Zweiten Weltkrieges geschrieben, aber schon mitten in den Verfolgungen, denen seine jüdische Frau und damit seine ganze Familie ausgesetzt waren. Während der Kriegsjahre kam es dann in die Gemeinden. Heute ist es zu einem der bekanntesten Adventslieder geworden. Und es ist bewegend, im Tagebuch Jochen Kleppers zu lesen: »Mein Lied ist in der Gemeinde.«

Drei Linien durchziehen dieses Lied: die Sehnsucht, das Lob und das Wissen um menschliches Leid. Damit steht es in der großen Reihe der anderen Adventslieder. Sie sind zu einem wesentlichen Teil von den gleichen Elementen geprägt: *»O Heiland, reiß die Himmel auf«* (EG 7), *»Gott sei Dank durch alle Welt«* (EG 12), *»Tröstet, tröstet spricht der Herr«* (EG 15).

Unser Lied spricht nun aber nicht allein von der Sehnsucht, sondern zugleich von ihrem Ziel. *»... der Tag ist nicht mehr fern ...«* Er weiß auch nicht allein um das Leid der Menschen, sondern zugleich um den, der es mit uns geteilt hat. *»... dem alle Engel dienen, wird nun ein Kind und Knecht ...«*

Weil dies alles hilft, darum hat der Dichter einen wirklichen Grund, zum Lob aufzurufen: *»Auch wer zur Nacht geweinet, /der stimme froh mit ein. / Der Morgenstern bescheinet / auch deine Angst und Pein.«*

Lassen Sie mich darum als Erstes auf eines der biblischen Loblieder hinweisen, das ganz eng mit Advent und Weihnachten zu tun hat. Es ist dies ein Psalm, den man Maria in den Mund gelegt hat, der Frau, die im Glauben der Christenheit dafür steht, dass Gott sich wirklich auf die Seite der Menschen begeben hat. So sehr, dass er einer von uns wurde und man Gott nun nie mehr ohne die Menschen findet.

Meine Seele erhebt den Herrn, / und mein Geist freut sich Gottes, meines Heilandes; / denn er hat die Niedrigkeit seiner Magd angesehen. / Siehe, von nun an werden mich selig preisen alle Kindeskinder. / Denn er hat große Dinge an mir getan, / der da mächtig ist und dessen Name heilig ist. / Und seine Barmher-

zigkeit währt von Geschlecht zu Geschlecht bei denen, die ihn fürchten. / Er übt Gewalt mit seinem Arm / und zerstreut, die hoffärtig sind in ihres Herzens Sinn. / Er stößt die Gewaltigen vom Thron / und erhebt die Niedrigen. / Die Hungrigen füllt er mit Gütern / und lässt die Reichen leer ausgehen. / Er gedenkt der Barmherzigkeit / und hilft seinem Diener Israel auf, / wie er geredet hat zu unsern Vätern, / Abraham und seinen Kindern in Ewigkeit.

Lk 1,46-55

In den ältesten Lobliedern der Bibel wird einfach erzählt. In feststehenden Redewendungen zwar, aber so, dass deutlich wird: Hier spricht einer, der weiß, was er sagt. Weil er es nämlich selbst erfahren hat. In diesem Zusammenhang verwundert es auch nicht, dass das biblische Wort für loben zugleich berichten und bekennen heißt.

In späterer Zeit hat man nun Lieder gesungen, an denen der konkrete Anlass nicht mehr direkt abgelesen werden kann. In ihnen wird allgemeiner geredet. Da heißt es zum Beispiel nicht mehr: ›Gott, du hast Großes getan‹, sondern ›Gott, du bist groß.‹ Nicht mehr: ›Der Herr hat geholfen‹, sondern: ›Er ist ein Helfer.‹

So etwas kennen wir übrigens auch aus unserem Erfahrungsbereich. Wenn uns der gleiche Mensch immer wieder auf die nämliche Weise begegnet, reden wir nicht mehr nur von seinen Taten, sondern von seinem Wesen. Wir sagen dann eben nicht bloß: ›Du hast dich hier oder dort als zuverlässig erwiesen.‹ Wir betonen: ›Auf dich kann man sich verlassen.‹

Psalmen wie der, den wir eben gehört haben, sind also keine bloße religiöse Lyrik: schön, aber unverbindlich. Ihre Worte sind vielmehr aufgeladen mit den Erfahrungen von Generationen.

In einer weiteren Phase der biblischen Überlieferung hat man nun etwas getan, das auf den ersten Blick seltsam anmutet. Da wurden diese allgemeinen Loblieder einem einzelnen Menschen in den Mund gelegt, damit er nun sich und die Wege seines Lebens in ihnen unterbringt. Vermutlich ist dies auch mit dem sogenannten *Magnificat*, dem Lobgesang der Maria, geschehen. Es hat sein Vorbild in der hebräischen Bibel (1 Sam 2), aber es passt zugleich wie angegossen auf die Mutter des Herrn.

Darum werden wir unseren Chorälen auch nicht gerecht, wenn wir über sie reden. Wir entsprechen ihnen vielmehr, wenn wir uns von ihnen zum Singen verleiten lassen.

Wie soll ich dich empfangen
EG 11

1. Wie soll ich dich empfangen / und wie begegn ich
dir, / o aller Welt Verlangen, / o meiner Seelen Zier?
/ O Jesu, Jesu, setze / mir selbst die Fackel bei, / damit, was dich ergötze, / mir kund und wissend sei.
2. Dein Zion streut dir Palmen / und grüne Zweige
hin, / und ich will dir in Psalmen / ermuntern meinen Sinn. / Mein Herze soll dir grünen / in stetem
Lob und Preis / und deinem Namen dienen, / so gut
es kann und weiß.
3. Was hast du unterlassen / zu meinem Trost und
Freud, / als Leib und Seele saßen / in ihrem größten
Leid? / Als mir das Reich genommen, / da Fried und
Freude lacht, / da bist du, mein Heil, kommen / und
hast mich froh gemacht.
4. Ich lag in schweren Banden, / du kommst und
machst mich los; / ich stand in Spott und Schanden,
/ du kommst und machst mich groß / und hebst
mich hoch zu Ehren / und schenkst mir großes Gut,
/ das sich nicht läßt verzehren, / wie irdisch Reichtum tut.
5. Nichts, nichts hat dich getrieben / zu mir vom
Himmelszelt / als das geliebte Lieben, / damit du alle Welt / in ihren tausend Plagen / und großen Jammerlast, / die kein Mund kann aussagen, / so fest
umfangen hast.
6. Das schreib dir in dein Herze, / du hochbetrübtes
Heer, / bei denen Gram und Schmerze / sich häuft je
mehr und mehr; / seid unverzagt, ihr habet / die Hilfe vor der Tür; / der eure Herzen labet / und tröstet,
steht allhier.
7. Ihr dürft euch nicht bemühen / noch sorgen Tag
und Nacht, / wie ihr ihn wollet ziehen / mit eures Ar-

mes Macht. / Er kommt, er kommt mit Willen, / ist voller Lieb und Lust, / all Angst und Not zu stillen, / die ihm an euch bewußt.

8. Auch dürft ihr nicht erschrecken / vor eurer Sünden Schuld; / nein, Jesus will sie decken / mit seiner Lieb und Huld. / Er kommt, er kommt den Sündern / zu Trost und wahrem Heil, / schafft, daß bei Gottes Kindern / verbleib ihr Erb und Teil.

9. Was fragt ihr nach dem Schreien / der Feind und ihrer Tück? / Der Herr wird sie zerstreuen / in einem Augenblick. / Er kommt, er kommt, ein König, / dem wahrlich alle Feind / auf Erden viel zu wenig / zum Widerstande seind.

10. Er kommt zum Weltgerichte: / zum Fluch dem, der ihm flucht, / mit Gnad und süßem Lichte / dem, der ihn liebt und sucht. / Ach komm, ach komm, o Sonne, / und hol uns allzumal / zum ewgen Licht und Wonne / in deinen Freudensaal.

Text: Paul Gerhardt 1653; Melodie: Johann Crüger 1653

Das Lied »Wie soll ich dich empfangen«, dürfte zu den bekanntesten Adventschorälen gehören. Es wurde wenige Jahre nach dem dreißigjährigen Krieg von Johann Crüger, dem Mann, der die meisten Gedichte Paul Gerhardts veröffentlicht hat, mit Noten versehen und herausgegeben.

Das Lied schließt deutlich an die Geschichte vom Einzug in Jerusalem an. In diesem Rahmen aber zeichnet es Sätze des Lobgesangs der Maria ein. Damit will Paul Gerhardt deutlich machen, auf wen wir eigentlich warten: auf den, der die Niedrigen erhebt und der sich des Elenden annimmt.

Die Strophen selbst gruppieren sich in zwei Teile. In den Strophen 1 bis 5 spricht der Sänger mit Christus, in den Strophen 6 bis 10 wendet er sich nach außen.

»Wie soll ich dich empfangen ...«, fragt Paul Gerhardt, und weiß doch schon, dass er dazu gar nicht fähig ist. Er hat nichts zu bieten. Christus muss sich den rechten Empfang darum selbst bereiten. Diese Einsicht macht ihn bescheiden, aber nicht träge. Er legte die Hände nicht in den Schoß.

In der zweiten Strophe gibt er sich selbst die Anweisungen. Was damals bei Jesu Einzug in Jerusalem Palmen waren – Kleider, die man auf dem Boden ausbreitete, Zweige, die jubelnd geschwungen wurden –, sind jetzt die Loblieder der Christen.

Paul Gerhardt, das ist die Größe, aber zugleich die Grenze seines Chorals, verinnerlicht den biblischen Bericht. *»Mein Herze soll dir grünen / in stetem Lob und Preis ...«* Das ist jedoch kein Versehen. Der Dichter tat dies ganz bewusst. Sein Lied soll nämlich ein Trostlied sein. Als er diese Verse schrieb, war die Erinnerung an den Dreißigjährigen Krieg mit all seinen Grausamkeiten und seinen Schrecken noch frisch im Gedächtnis der Menschen. Da wussten die meisten aus eigenster Erfahrung, wie wichtig es ist, ermutigt zu werden, um überhaupt weiterzumachen.

Wenn die Psalmen von Gottes Hilfe reden, dann sagen sie oft: ›Er sah mein Elend‹, ›Er kam‹, ›Er half mir heraus‹, ›Er gab mir festen Boden unter die Füße‹ – und ein neues Lied in meinen Mund, einen Lobgesang auf meinen Gott. Das will auch der erreichen, der tröstet. An die Stelle des Weinens soll das befreite Lachen treten. Es soll nicht nur geklagt, sondern auch wieder gesungen werden.

Unser Lied will dazu beitragen, indem es wie die biblischen Psalmen erzählt. *»Als mir das Reich genommen, / da Fried und Freude lacht, / da bist du, mein Heil, kommen / und hast mich froh gemacht.«* Oder: *»Ich lag in schweren Banden, / du kommst und machst mich los ...«*

25

»Christen sind ein selig Volk«, hat *Martin Luther* in einer seiner Predigten gesagt, »was wollte ich nehmen für die Freude, dass mir mein Herr und Gott alle Engel hat zu Freunden gemacht, ja Himmel und Erden, ja meinen lieben Gott und Vater im Himmel. Da sollten wir springen und fröhlich sein und sollte unser Leben nichts anderes als ein Halleluja sein. Wie es denn auch ist.« – Wie es denn auch ist? Wirklich, Herr Luther?

Gibt es nicht zu viele Katastrophen und zu viele Ängste, als dass wir so etwas sagen könnten? Herrscht nicht über uns alle der Tod, und erfahren wir dies nicht durch Bedrohungen im Allgemeinen und durch ganz konkrete Ereignisse in unserer eigenen Nähe? Wie sollen wir glauben, dass wir Gott wichtig sind, wo so vieles dagegen spricht? Wie sollen wir seine Freiheit erfahren, wo uns immer wieder Unrecht und Gewalt, Leid und Schmerzen beschränken?

An dieser Stelle wird die fünfte Strophe aus Paul Gerhardts Lied wichtig. Sie antwortet mit einem verhaltenen Hinweis auf Jesu Passion. Dort ist endgültig sichtbar geworden, dass Gott das Elend und das Leid der Menschen zu seinem eigenen gemacht hat.

Wie kann einer so verrückt sein, könnte man fragen, wie kann er sich derart erniedrigen, sich selbst so schutzlos machen, dass er nun voll abbekommt, was unser Leben schwer macht?

Paul Gerhardt kennt nur eine Antwort. Er gibt sie auf eine auch sprachlich einzigartige Weise. *»Nichts, nichts hat dich getrieben / zu mir vom Himmelszelt, / als das geliebte Lieben, / damit du alle Welt / in ihren tausend Plagen / und großen Jammerlast, / die kein Mund kann aussagen, / so fest umfangen hast.«* In der Tat: So verrückt kann nur die Liebe sein. Die geht bis ans Kreuz.

Johann Sebastian Bach hat unser Lied in sein Weihnachtsoratorium aufgenommen. Dort befindet es sich zwischen der Aufforderung: *»Bereite dich, Zion ...«* und dem Choral: »*Er ist auf Erden kommen arm* ...« – Schon diese Stellung ist interessant. Noch auffälliger ist allerdings die Melodie, mit der Bach das Lied versehen hat, mit der Melodie eines Passionsliedes. Es ist nicht ganz geklärt, ob er dies bewusst tat. Auf alle Fälle besteht ein tiefer Zusammenhang zwischen Advent und Passion. Der, der kommt, um sich unser anzunehmen, ist zugleich der, der mit uns und für uns leidet.

Nachdem er sich das alles selbst klargemacht hat, wendet sich der Sänger unseres Liedes in den folgenden Strophen an die, die ihn hören. Auch das hat er übrigens mit den biblischen Psalmen gemeinsam. Die versuchen ebenfalls alle, die sie vernehmen, in das Gotteslob mit hineinzuziehen.

An dieser Stelle gewinnen die Psalmen fast so etwas wie einen missionarischen Zug. Und im Übrigen ist dies nicht die schlechteste Begründung dafür, dass Christen anderen ihren Glauben mitteilen. Damit auch die einstimmen können in den Jubel darüber, dass Gott so groß ist.

Dazu ist es freilich immer wieder nötig, dass die Christenheit selbst ihre Enge und ihre Traurigkeit verliert. Wer seine Tränen nur mühsam unterdrücken kann, wer die Zähne zusammenbeißen muss, um von der Freude zu reden, wirkt wenig glaubwürdig. – Dem wollte Paul Gerhardt in seinem Lied abhelfen.

»*Das schreib' dir in dein Herze, / du hochbetrübtes Heer* ...« Die Absicht, zu ermuntern und zu ermutigen, wird wohl an keiner Stelle so deutlich wie hier. Zugleich kann etwas Weiteres sichtbar werden. Wenn jemand einen Menschen trösten will, dann braucht er gar nicht immer eine Antwort auf die Fragen des anderen zu haben. Viel wichtiger ist die Tatsache, dass dieser weiß: Ich bin nicht allein. Es steht einer wirklich zu mir. Der wendet sich mir zu. Der kümmert sich um mich. So wird nun auch das Bild erst eigentlich verständlich, womit die sechste Strophe schließt: »... *seid unverzagt, ihr habet / die Hilfe vor der Tür ...*«

Der Adventsglaube ist keine Vertröstung. Er ruft uns nicht zur Hoffnung auf, um uns zu beschwichtigen. Er betont vielmehr: Gott ist ganz nahe. Ihr braucht nur eure Hand auszustrecken um zu erfahren: »... *der eure Herzen labet / und tröstet, steht allhier.*«

Die folgenden Verse ziehen daraus die Konsequenz im Blick auf unsere Sorge, unsere Schuld, aber auch den Widerstand und die Feindschaft, die uns im Laufe unseres Lebens begegnen mögen.

Dann freilich sagt der Dichter noch etwas. Und ohne das darf ich nicht schließen. Wir fragen immer wieder: ›Wie soll ich denn dazu kommen, angesichts dessen, was mich bedrängt, Gott mit fröhlichem Gesicht zu loben?‹

Die erste Antwort, die wir gehört haben, war, dass wir – was auch immer geschieht – nicht allein sind, weil Christus mitleidet und mitträgt. Das aber ist noch nicht alles. Es muss noch etwas Weiteres gesagt werden.

Paul Gerhardt hatte einmal festgelegt, dass sein Weihnachtslied »*Wir singen dir, Immanuel*« (EG / Ausgabe Bayern-Thüringen 543) auf eine Ostermelodie zu singen sei, mit abschließendem »Halleluja«. Die Fachleute für das Gesangbuchwesen meinten, so sollte man das Kirchenjahr nicht durcheinanderbringen. Ich denke jedoch, dass Paul Gerhardts Wunsch einen tiefen Sinn hat. Das erste und größte Fest der Christenheit ist nicht ohne Grund Ostern. Jesu Kommen endete nicht bei Kreuz und Grab. Als er aber von den Toten auferstand, wurde deutlich, dass nicht mehr der Tod und nicht mehr die Unzulänglichkeit der Menschen, weder ihre Schwäche noch ihre Bosheit, das letzte Wort besitzen. Das gehört Gott.

Darum dürfen wir uns nicht allein dessen getrösten, dass er nahe ist und mitträgt. Wir dürfen uns auch darauf freuen, dass einmal sichtbar wird, was schon längst gilt: dass ihm alle Macht gehört im Himmel und auf Erden.

Solange wir leben, wird es immer wieder Zeiten geben, in denen es uns schwer fällt, das Loblied der Erlösten anzustimmen. Darum haben wir die Psalmen und die Lieder nötig. Sie wollen uns das Singen vormachen, damit wir einstimmen können. Wenn es jedoch sein muss, werden sie das Gotteslob auch einmal stellvertretend für uns singen, bis geschehen ist, wovon das Ende unseres Liedes spricht: »*Ach komm, ach komm, o Sonne, / und hol' uns allzumal / zum ewgen Licht und Wonne / in deinen Freudensaal.*«

Zu Weihnachtsliedern von Martin Luther

»Siehe, ich verkündige euch große Freude«, so lautete die Weihnachtsbotschaft der Engel ›Siehe!‹ – Ist das nicht ein merkwürdiges Wort? Was danach kam, war doch eine Nachricht. Warum hieß es dann nicht ›Höret!‹ – Das hätte besser gepasst.

Nun war der Inhalt der Mitteilung allerdings dies, dass der Retter geboren wurde und dass er anzuschauen sei: in Bethlehem – in der Krippe – als Kind.

»Das Wort ward Fleisch …«, sagt das Evangelium. Aus diesem Grund spricht uns Gott nicht nur durch Reden an, sondern auch durch Zeichen und Bilder.

In diesem Zusammenhang sind wir Protestanten möglicherweise einem Kurzschluss erlegen. Der Maßstab des Glaubens ist Jesus, es sind seine Worte, seine Gleichnisse und die Geschichten, die von ihm erzählen. Er ist das lebendige Wort Gottes. Wie ein Kreis legen sich um ihn die Worte der Zeugen, der Apostel. Und noch einmal auf vielen weiteren Kreisen befinden sich die Zeugnisse der Lehrer der Kirche und der Prediger bis zu diesem Tag. Sie alle sind Wort Gottes an uns. Im Mittelpunkt des Glaubens steht die Bibel. Sie ist so etwas wie der Urmeter. Denn sie spricht klar und nicht zweideutig. Ohne sie können wir nicht Gottesdienst feiern. Die Verkündigung strahlt über die Bibel hinaus. Sie umfasst mehr als die bloße Rede eines Predigers. Auch eine brennende Kerze kann Träger der Botschaft sein, wenn sie auf ihn hinweist: das Licht der Welt.

Das gleiche trifft auf den Weihnachtsbaum zu, wenn wir ihn recht verstehen, auf den Stern und die vielen anderen Symbole der Weihnacht. Das gilt ebenfalls für das Lied. Und es gehört zu den großen Erbstücken der Reformation, dass sie der Gemeinde dazu verholfen hat, zu singen.

Wenn an dem Gedanken der alten Kirche etwas Richtiges ist, dass man das, was ein Mensch glaubt, nicht nur an seinen Bekenntnissen ablesen kann, sondern auch an dem, was er singt und betet, dann hat es einen tiefen Grund, in jedem Gottesdienst miteinander zu singen. Dann ist es sinnvoll, darüber nachzudenken, worum es in dem, was wir da singen, geht, und dann mitzusingen und mitzubeten und auch mitzuhören auf das, was durch die Jahrhunderte hindurch Menschen an Weihnachten wichtig fanden.

> Herr, wir können nicht beten und zu dir reden, wenn du nicht zuvor mit uns geredet hast. Wir haben dir kein rechtes Lob darzubringen, wenn du es nicht auf unsere Lippen legst, wenn du nicht alles, was wir sagen, und alles, was wir tun, zu deinem Lobe machst und als dein Lob annimmst.
> So bitten wir dich: Fülle uns selbst mit deiner Freude, werde du zum Wort in unseren Worten, damit jeder Gottesdienst zum Träger der Weihnachtsbotschaft wird und zu deiner Ehre geschieht.
> Karl Barth

Im Mittelalter war die Beteiligung der Gemeinde an der Liturgie immer mehr zurückgegangen. Eine der wenigen Stellen, an welchen die Laien im Gottesdienst zu Wort kamen, war das ›Kyrie eleison‹ während der Litanei. Das kannten die Gottesdienstbesucher also. Und so verselbständigte sich dieser Kyrie-Ruf. Er wurde so etwas wie eine generelle Anrufung Christi: ›Herr hilf‹, aber ebenfalls ›Ehre sei dir, Herre‹.

Auch in das geistliche Volkslied ging das ›Kyrie eleison‹ über. Dort bildete es den Strophenabschluss bestimmter Lieder. Man hat sie deshalb ›Leisen‹ genannt.

Als nun *Martin Luther* daran ging, Lieder für die gottesdienstliche Gemeinde zu schreiben, griff er zum einen auf die altkirchlichen Hymnen zurück und zum anderen auf die *Leisen*.

In den Versen des Liedes *»Gelobet seist du, Jesus Christ«* (EG 23) klingen zwar Hymnen des Ambrosius von Mailand *»Veni redemptor gentium«* – *»Nun komm, der Heiden Heiland«* (EG 4) an. Dann aber enthält das Lied eine Strophe, die schon vor der Zeit Luthers am Weihnachtsfest von der Gemeinde als Antwort auf den Chorgesang ›*Dank sagen wir alle …*‹ angestimmt wurde: »*Gelobet seist du, Jesu Christ, / dass du Mensch geboren bist / von einer Jungfrau, das ist wahr; / des freuet sich der Engel Schar. / Kyrie eleis.«*

Die folgenden Strophen hat Luther dann selbst gedichtet. Dabei waren ihm drei Gedanken wichtig, die er auch in Weihnachtspredigten jener Zeit ausgesprochen hat. Der erste lautet: Weihnachten beschämt uns. Es gibt unserem Stolz einen gewaltigen Stoß, zu erfahren, dass Gott so armselig werden musste, um auf eine Stufe mit uns Menschen zu kommen und uns zu helfen.

Der zweite Gedanke heißt: Weihnachten tröstet uns. Wenn wir nämlich hören, dass Christus, der Schöpfer aller Dinge, arm und hilflos in der Krippe lag, dann kann uns dies Kraft geben, anzunehmen, was es an Enttäuschungen und Entbehrungen in unserem Leben gibt. Denn er ist bei uns. Er macht es tausendmal wett. *»Lasset fahrn, o liebe Brüder, / was euch quält, was euch fehlt, / ich bring alles wieder«* hat *Paul Gerhardt* (EG 36, 5) ganz in diesem Sinne gedichtet.

Und drittens: Weihnachten erhöht uns. »Wir elenden und verdammten Menschen sind heute zu großen Ehren gekommen«, sagt Luther, »wir sind ein Fleisch und ein Blut mit dem Sohn Gottes geworden. Diese neue Verwandtschaft hebt uns bis in den Himmel hinauf. Dass wir zu Christus Bruder sagen können, ist eine Ehre, die nicht einmal den Engeln zukommt, sondern allein uns Menschen. Wenn das kein Grund zum Jubel ist!«

Und aus einer Predigt Martin Luthers: »Wenn Gott Silber und Gold hätte regnen lassen, wären alle gekommen, Könige und Fürsten, und hätten mit sich Säcke und Fässer gebracht ... Nur weil er nicht Gold gibt, sondern seinen Sohn, ... und ihn so gibt, dass er unser Heiland sei, hat er auch den Namen, dass er nicht mit Geld erlöse, dass er nicht Kronen gibt, weil sie ein Dreck sind vor Gott. Er wird nicht euer Münzmeister sein, sondern euer Heiland. ... Christen sind ein selig Volk, die können sich freuen im Herzen und rühmen, pochen, tanzen und springen; das gefällt Gott wohl und tut unserem Herzen sanft, wenn wir auf Gott trotzen, stolzieren und fröhlich sein; was wollte ich nehmen für die Freude, dass mir mein Herr und Gott alle Engel hat zu Freunden gemacht, ja, Himmel und Erde, ja meinen lieben Gott und Vater im Himmel? Da sollten wir springen und fröhlich sein, und sollte unser Leben nichts anderes als ein Halleluja sein, wie es denn auch ist.«

Das Lied »*Vom Himmel hoch, da komm ich her*« (EG 24) ist ganz anderer Art als die übrigen Luther-Lieder zur Weihnachtszeit. Luther selbst nennt es »ein Kinderlied auf die Weihnacht Christi«. Sein Vorbild sind weder Hymnen noch geistliche Lieder, sondern eine dritte Quelle des evangelischen Kirchenliedes: die Volksweisen.

Zur Zeit Luthers war es üblich, am Abend zusammenzukommen, um zu singen und zu tanzen. Dabei spielten Rätsellieder eine gewisse Rolle, die sich Burschen und Mädchen gegenseitig aufgaben.

Eines, das vielleicht von einem fahrenden Sänger stammt und wohl bis ins 4. Jahrhundert zurückgeht, beginnt so: »*Ich komm aus fremden Landen her / und bring euch viel der neuen Mär, der neuen Mär bring ich so viel / mehr, denn ich euch hier sagen will.*« (›Mär‹ heißt ja Kunde, Nachricht, nicht Story und schon gar nicht Märchen.)

Daran knüpft Luther mit seinem Kinderlied an. Doch was macht er daraus! In einer späteren Ausgabe hat

Luther dem Lied »*Vom Himmel hoch, da komm ich her*«
einen ausführlicheren Titel gegeben. Er nennt es jetzt
»Ein Kinderlied auf die Weihnachten vom Kindlein Jesu
aus dem zweiten Kapitel des Evangelii Sankt Lukas
gezogen«.

Und in der Tat, die Strophen 1 bis 6 sind – wie ein Ver-
gleich zeigt – nichts anderes als eine ziemlich genaue
Umsetzung der Engelsbotschaft an die Hirten.

Lukas 2

»Und der Engel des Herrn
trat zu ihnen ...«
(Vers 9)

»Und der Engel des Herrn
sprach zu ihnen: ... Siehe,
ich verkündige euch große
Freude, denn euch ist heute der Heiland geboren ...«
(Vers 10, 11a)

»... welcher ist Christus,
der Herr, in der Stadt Davids.« (Vers 11b)

»Und das habt zum Zei-
chen: ihr werdet finden
das Kind in Windeln gewi-
ckelt und in einer Krippe
liegen.« (Vers 12)

»Und als die Engel von ihnen gen Himmel fuhren,
sprachen die Hirten unter-
einander: Lasst uns nun
gehen und die Geschichte
sehen, die da geschehen
ist ...« (Vers 15)

Lied 24

»Vom Himmel hoch, da
komm ich her ...«
(Vers 1)

»Euch ist ein Kindlein heut
geborn ...« (Vers 2)

»Es ist der Herr Christ, unser Gott ...« (Vers 3)

»So merket nun die Zei-
chen recht: die Krippe,
Windelein so schlecht, da
findet ihr das Kind gelegt
...« (Vers 5)

»... und mit den Hirten
gehn hinein, zu sehn was
Gott uns hat beschert ...«
(Vers 6)

An zwei wichtigen Stellen hatte Luther den Bericht des Evangelisten Lukas verändert. In der vierten Strophe fügt er ein, was die Geburt des Christus bedeutet: *»Er bringt euch alle Seligkeit, / die Gott der Vater hat bereit', / daß ihr mit uns im Himmelreich / sollt leben nun und ewiglich.«*

Daran lag der Reformation viel. *Philipp Melanchthon* hat ganz im Sinne dieser Strophe einmal geschrieben, Christus erkennen bedeute nicht, über die Geheimnisse seiner Menschwerdung zu grübeln, sondern zu entdecken, was er für uns getan hat. Das Wichtigste an Jesus sind nicht die besonderen Umstände seiner Geburt, sondern der Auftrag, den er bekommen hatte. Was damals nach dem Bericht des Evangelisten in Bethlehem geschah, ist schön. Es hat auch etwas zu sagen. Trotzdem hätte alles ganz anders sein können.

Die zweite Stelle, an welcher Luther von der biblischen Vorlage abweicht, ist ebenfalls sehr interessant. In der sechsten Strophe berichtet er nicht einfach, was sich damals begab. Er bezieht uns vielmehr ein: *»Des lasst uns alle fröhlich sein / und mit den Hirten gehn hinein ...«* (V 6) Auch darin hat er recht. Denn um unseretwillen ist das doch alles geschehen. Darum würde es uns auch nichts nützen, dass damals die Hirten nach Bethlehem gingen und Christus gesehen haben, wenn wir es ihnen nicht nachtäten.

Das Innehalten und das Bedenken dessen, was die Geburt Jesu bedeutet, setzt sich in den Strophen 7 bis 13 fort. Da wendet Luther die biblische Botschaft konsequent auf sich und auf uns alle an.

Ja, es ist schon so: Nicht nur die Hirten und ihre Schafe gehören zur Weihnachtsgeschichte, sondern wir auch – mit allem was wir sind und haben: mit unserem Hochmut und unserer Verzweiflung, mit unseren vermeintlichen Sicherheiten und mit unseren offenen Fragen.

Darum kann auch für uns heute Weihnachten werden, heute und während des ganzen Jahres. Immer dann, wenn wir beten: Komm du nicht nur nach Bethlehem, Herr, sondern auch zu mir.

Die Weihnachtsbotschaft enthält die Zusage, dass Gott dies tun will, damit auch wir singen und – wie es zu Luthers Zeiten bei Krippenspielen der Fall gewesen sein soll – vor Freude aufspringen und tanzen können.

Zu Weihnachtsliedern von Paul Gerhardt

Vermutlich hat es in Böhmen angefangen. Von dort hat sich der Brauch schnell ausgebreitet. So kam es bald an vielen Orten vor, dass in der Christnacht Chöre, an vier Ecken der Kirchen aufgestellt, miteinander und mit der Gemeinde das *Quempas* sangen.

Dieses seltsame Wort stammt aus dem Anfang des lateinischen Liedes *»Quem pastores laudavere«* – *»Den die Hirten lobten sehre / und die Engel noch viel mehre ...«* Das Lied *»Kommt und laßt uns Christus ehren«* (EG 39) ist sozusagen *Paul Gerhardts* Quempas.

Nun ist das mit dem Singen und Loben im Gottesdienst so eine Sache. Auf der einen Seite hört man immer wieder Stimmen, die sagen: Ihr redet von der Befreiung, aber die Art, in der ihr das tut, ist bedrückend und schwer. Wo bleibt die Leichtigkeit derer, denen die Last der Schuld und die Sorge um die Zukunft von den Schultern genommen wurde? Ihr redet von der Freude, die allem Volk widerfahren wird. Ihr singt: *»... Dieser kann und will uns heben / aus dem Leid ins Himmels Freud.«* Dann zeigt sie doch, eure Freude! Lasst sie euer Herz und eure Kehle und diesen ganzen Kirchenraum erfüllen!

Andere Stimmen halten dem entgegen: Dieses Leben ist nicht leicht. Also kann man es auch nicht leicht nehmen. Wer insbesondere in Festzeiten zuviel jubelt und singt, läuft Gefahr, über die Abgründe des Lebens hinwegzutändeln, und was noch schlimmer ist, er lässt wieder einmal die draußen stehen, die nicht auf Rosen gebettet sind: die Kranken, die Hungernden, die Traurigen und die, die keinen Ausweg mehr aus ihrer Misere sehen.

Nun ist der Mann, um dessen Lieder es in unserem Gottesdienst gehen soll, im Dreißigjährigen Krieg aufgewachsen. Er kennt die Wirren jener Zeit. Erst mit 44 Jahren erhielt er eine eigene Pfarrstelle. Seiner Frau und vier seiner fünf Kinder musste er ins Grab nachschauen. Er wurde seines Amtes enthoben, weil er seinem Gewissen mehr gehorchen wollte als dem Befehl des Großen Kurfürsten.

Paul Gerhardt weiß also um Bedrängnis und um Leid. Er hat die Freude erlebt – trotz allem. Er weiß aber auch, wie er ausdrücklich in seinem Testament schrieb, um Gottes Treue, »die er mir von meiner Mutter Leib an bis jetzt erwiesen hat«.

Wenn er von der Freude redet, tut er es nicht wie der Blinde von der Farbe. Er spricht davon vielmehr als einer, der gelitten hat und hindurchgekommen ist. Darum kann er Mut machen, zu vertrauen.

Wir kennen Paul Gerhardt vorwiegend als Prediger und als Tröster. In seinem Lied *»Kommt und lasst uns Christus ehren«* (EG 39) hat er sich selbst zum Vorsänger gemacht. Er steht sozusagen an einer der vier Ecken der Kirche, um uns zuzusingen und uns dabei sogar das Notenblatt zur Antwort vorzuhalten.

Die angemessenste Form, auf Weihnachten zu antworten, ist nämlich nicht der gelehrte Kommentar, sondern das fröhliche Lob. So wie es uns bereits die Hirten vorgemacht haben, von denen die Geschichte erzählt: »Und sie kehrten wieder um, priesen und lobten Gott für alles, was sie gesehen und gehört hatten …« (Lk 2,20)

»Unsagbar ist Gott. Wenn du ihn aber nicht ausdrücken kannst und doch nicht schweigen darfst, was bleibt dir dann übrig als zu jubeln? Damit sich wortlos freue dein Herz und die unermeßliche Weite der Freude keine Grenze finde an Buchstaben.« (Augustinus)

> Gott, wir können nicht beten und zu dir reden, wenn du nicht zuvor zu uns geredet hast. Wir haben dir kein rechtes Lob darzubringen, wenn du es nicht auf unsere Lippen legst, wenn du nicht alles, was wir

sagen und tun, zu deinem Lobe machst und als dein Lob annimmst. So bitten wir dich: Fülle uns selbst mit deiner Freude. Werde du zum Wort in unseren Worten, damit auch wir zu Trägern der Weihnachtsbotschaft werden, und dass es zu deiner Ehre geschieht.

Karl Barth

Die Wurzeln des Weihnachtsgeschehens gründen im Herzen Gottes. In seiner Menschwerdung erreicht uns darum nicht nur der Hauch der Geschichte. Es berührt uns auch der Atem der Ewigkeit.

Weihnachten – so will das sagen – ist kein Augenblickseinfall Gottes. Es ist ein Ausdruck seiner Treue. Er wollte von Anfang an nichts anderes als das, was in Jesus sichtbar wurde: dass keiner von uns verloren geht.

Es gibt vermutlich in jedem Leben Augenblicke, in denen uns Gott ganz ferne rückt. Wir verstehen nicht, was in dieser Welt und was mit uns selbst geschieht. Vor allem können wir es nicht mit der Botschaft von Gottes Liebe zusammenbringen.

Es mag auch Augenblicke geben, in denen wir von uns selbst so enttäuscht sind, dass wir denken, Gott müsste uns im Grunde noch viel mehr verachten, als wir es selbst schon tun. Genau da aber sagt das Evangelium: Vergiss nicht: Gottes Liebe reicht unendlich tief. Sie hält in Stürmen durch und in dürren Zeiten.

Weil wir uns schwer tun, dies zu glauben, und weil wir es dennoch bitter nötig haben, muss dies uns immer und immer wieder neu gesagt werden.

Eine sehr persönliche, stille und dennoch kräftige Form dieser Zusage enthält das Lied »*Ich steh an deiner Krippen hier*« (EG 37).

Paul Gerhardt hat sich nicht als Dichter gesehen, sondern als Prediger. Doch zeigen seine Lieder eine hohe sprachliche Meisterschaft. Ein Beispiel ist das Lied »*Fröhlich soll mein Herze springen*« (EG 36). Wenn die Fachleute recht haben, findet sich sein Reimschema nur noch bei »*Warum sollt ich mich denn grämen?*« (EG 370) und sonst nirgendwo in der Dichtung jener Zeit. Die kurzen Zwischenzeilen »... *dieser Zeit / da vor Freud ...*« oder »... *alle Luft / laute ruft ...*« geben den Strophen etwas sehr Beschwingtes.

Ebenso lebendig ist die Melodie des mit Paul Gerhardt befreundeten Kantors Johann Crüger. Ganz am Anfang, und gegen den normalen Sprachrhythmus, wird die dritte halbe Note punktiert. Das verlängert den Ton. Es unterstreicht das Wörtchen ›soll‹. »*Fröhlich soll ...*« – ja, was denn, möchte man fragen. Springen soll das Herz, ist die Antwort. Springen und vor Freude hüpfen. Zugleich gibt die punktierte Note der Melodie auch in den folgenden Versen etwas Tänzerisches. Das ist, wie einmal jemand schrieb »eine fröhlich, gravitätisch schreitende Art«, die aber so überzeugend packt, dass man dazu tanzen möchte.

Was den Inhalt angeht, ist das Lied eine klassische Predigt. Die hatte zu jener Zeit, wenn sie ordentlich sein sollte, aus zwei Teilen zu bestehen. *Explicatio* hieß der erste Teil. Da ging es um die Erklärung der Bibelworte. Im zweiten Teil, der *Applicatio,* musste von den Umsetzungen gesprochen werden, die sich aus der Schrift ergaben.

So macht es Paul Gerhardt in seinem Lied. Zunächst erzählt er die biblische Geschichte nach. Dann überträgt er sie in unser Leben. Darum berichtet er auch nicht: ›Es war einmal‹. Er sagt: ›*Heute ...*‹. »Euch ist heute der Heiland geboren.« (V 1: »*Christus ist geboren!*«) Oder: »Lasset uns nun gehen nach Bethlehem und die Geschichte sehen, die da geschehen ist ...«, heißt es im Lukas-Evangelium, (V 6: »*Ei, so kommt und lasst uns laufen ...*«)

Doch noch ganz andere Bibelworte tauchen auf. In Psalm 19 lesen wir: »Er hat der Sonne ein Zelt am Himmel gemacht; sie geht heraus wie ein Bräutigam aus seiner Kammer ...« Paul Gerhardt aber dichtet: *»Heute geht aus seiner Kammer / Gottes Held, der die Welt / reißt aus allem Jammer«* (V 2).

Das kann man gar nicht hören, ohne daran zu denken, dass Weihnachten von den frühen Christen bewusst auf den Tag der Wintersonnenwende gelegt wurde, zum Zeichen dafür, dass Jesus die ewige Sonne ist, die nie untergeht. Wie es schon der Prophet Maleachi gesagt hat: »Euch aber, die ihr seinen Namen fürchtet, wird aufgehen die Sonne der Gerechtigkeit und Heil unter ihren Flügeln.« (Mal 3,20)

Sogar das Passionskapitel Jesaja 53 klingt in Paul Gerhardts Lied an. Und es ist gut so, weil darin die Tiefe der Weihnachtsbotschaft liegt, dass im Stall und in der Krippe ein Weg begann, der am Kreuz endete. Er war »wie ein Lamm, das zur Schlachtbank geführt wird«, schreibt der Prophet. Paul Gerhardt jedoch dichtet: *»Er nimmt auf sich, was auf Erden / wir getan, gibt sich dran, / unser Lamm zu werden ...«* (V 4).

Paul Gerhardt ist Prediger, seelsorgerlicher Prediger, aber er ist zugleich Glied der Gemeinde. Darum sieht er sich nicht an der Stelle des Weihnachtsengels, sondern an der Seite der Hirten. Er sagt nicht: »Siehe, ich verkündige euch ...« Er betont: *»... ruft zu sich mich und dich ...«* (V 5). Und er sagt ›wir‹: *»Ei, so kommt und laßt uns laufen ...«* (V 6).

Zugleich scheut sich Paul Gerhardt nicht, sehr persönlich zu reden. Das ist wichtig. Denn die Liebe Gottes ist zwar allen angeboten. Sie will jedoch vom Einzelnen angenommen werden. Gerade weil die Weihnachtsbotschaft alle betrifft, ruft sie nach denen, die antworten: ›Ich will sie gelten lassen für mich.‹

Im Aufbau des Liedes wird dies daran deutlich, dass in den Strophen 1 bis 4 gesagt wird, was Gott für uns tut und was Jesu Geburt für uns bedeutet. In den Strophen 5 bis 9 erklingt die Aufforderung, hinzugehen und zu sehen, was sich im Stall und in der Krippe ereignet hat.

Diese Einladung will zugleich die Tür zur Freude öffnen, damit auch wir die Erfahrung machen, von der schon Luther sprach: »Wo Vergebung der Sünden ist, da ist Leben und Seligkeit.« Davon sprechen die folgenden Verse.

Was kann man angesichts einer solchen Zusage anderes tun, als sie abzulehnen oder so wie Paul Gerhardt es tut: Ja zu sagen. Ja, so soll es sein auch für mich: *»Süßes Heil, laß dich umfangen ...«* (V 10).

Nach der katholischen Tradition feiern alle, die den Namen *Eva* oder *Adam* tragen, am 24. Dezember ihren Namenstag. Das erinnert an die Lesungen der frühen Kirche in der Weihnachtsnacht, in denen von der Erschaffung des Menschen und vom Sündenfall die Rede ist. Die wollen sagen: Mit der Geburt Christi ist das Bild des neuen Menschen erschienen.

Davon erzählt auch die Sitte, den Christbaum mit Äpfeln zu behängen. Die sollen eine blasse und eine rote Seite haben. Die blasse als Hinweis auf Schuld und Tod, die rote als Zeichen des aus Gottes Liebe quellenden neuen Lebens.

»Kommt und laßt uns Christus ehren« (EG 39): Der Vorsänger Paul Gerhardt ermuntert zum eigenen Singen. Das Lied selbst ist jedoch mehr als ein bloßer Ansporn. Es ist ein Triumphlied derer, die wissen, dass Jesu Geburt im Stall Teil hat an Gottes Kampf um die Welt. Es will uns sagen: Die Weihnachtsgeschichte ist nicht so harmlos, wie unsere Art, sie zu feiern, bisweilen nahelegt. Das Böse hat Macht. Kaum geboren, muss das Kind fliehen. Gleichgültigkeit, Gemeinheit und Niedertracht haben in seinem Leben und bis in unsere Tage viel Unheil angerichtet.

Es gehört zum Glauben auch der Kampf. Und darum ist es so wichtig, zu erfahren, dass uns Christus dabei zur Seite steht.

»Sünd und Hölle mag sich grämen«, singt Paul Gerhardt. *»Tod und Teufel mag sich schämen; / wir, die unser Heil annehmen, / werfen allen Kummer hin«* (V 2).

Das ist gar nicht so einfach wie es klingt. Dazu gehört Kraft. Darum fügt der Dichter hinzu *»Jakobs Stern ist aufgegangen, / stillt das sehnliche Verlangen, / bricht den Kopf der alten Schlangen / und zerstört der Höllen Reich«* (V 5).

Wenn wir kämpfen, so will das sagen, tut er es mit uns. Und wenn wir siegen, dann hat er dies schon vor uns und für uns getan.

»Jakobs Stern ist aufgegangen ...« Ja! Jesu Kommen ist wirklich die Sternstunde der Menschheit.

Herr Christ, der einig Gotts Sohn

EG 67

1. Herr Christ, der einig Gotts Sohn, / Vaters in Ewigkeit, / aus seim Herzen entsprossen, / gleichwie geschrieben steht, / er ist der Morgensterne, / sein Glänzen streckt er ferne / vor andern Sternen klar;

2. für uns ein Mensch geboren / im letzten Teil der Zeit, / daß wir nicht wärn verloren / vor Gott in Ewigkeit, / den Tod für uns zerbrochen, / den Himmel aufgeschlossen, / das Leben wiederbracht:

3. laß uns in deiner Liebe / und Kenntnis nehmen zu, / daß wir am Glauben bleiben, / dir dienen im Geist so, / daß wir hier mögen schmecken / dein Süßigkeit im Herzen / und dürsten stets nach dir.

4. Du Schöpfer aller Dinge, / du väterliche Kraft, / regierst von End zu Ende / kräftig aus eigner Macht. / Das Herz uns zu dir wende / und kehr ab unsre Sinne, / daß sie nicht irrn von dir.

5. Ertöt uns durch dein Güte, / erweck uns durch dein Gnad. / Den alten Menschen kränke,* / daß der neu' leben mag / und hier auf dieser Erden / den Sinn und alls Begehren / und G'danken hab zu dir.

* schwäche (Röm 6,1-4)

Text: Elisabeth Cruciger 1524; Melodie: 15. Jh.; geistlich Erfurt 1524

Im Jahre 1520 flohen einige Nonnen aus ihrem Kloster in Treptow an der Rega. Durch *Johannes Bugenhagen*, den Seelsorger und Mitarbeiter Luthers, waren sie mit den Gedanken der Reformation bekannt geworden. Nun wollten sie das Klosterleben hinter sich lassen und nach Wittenberg ziehen.

Unter ihnen befand sich *Elisabeth von Meseritz*. Sie stammte aus einer pommerschen Adelsfamilie und war schon in früher Jugend dem Kloster übergeben worden. In Wittenberg sollte sie zur ersten Liederdichterin der Reformation werden.

Zwei Jahre nach ihrer Flucht heiratete Elisabeth *Kaspar Cruciger*. Der hatte Hebräisch, Botanik und Mathematik studiert und wurde nach einer Zwischenstation als Leiter der Johannisschule in Magdeburg Theologieprofessor in Wittenberg. Bei der Übersetzung der Bibel griff Luther immer wieder auf Crucigers Hebräischkenntnisse zurück.

Es wird erzählt, Elisabeth habe einmal geträumt, sie hätte in der Wittenberger Kirche öffentlich gepredigt. Das war für jene Zeit undenkbar. Kaspar Cruciger hat den Traum jedoch auf ihre Lieder gedeutet. Die seien würdig, im Gottesdienst gesungen zu werden. Eines davon ist *»Herr Christ, der einig Gotts Sohn«*. Es wurde bereits 1524, zusammen mit den ersten Liedern Martin Luthers, veröffentlicht und gehört zum Kernbestand der Lieder der Reformation.

Im Hintergrunde dieses Liedes stehen die Bibelworte aus Johannes 1,1. Hinzu kommen Sätze aus der Johannes-Offenbarung über Christus als den Morgenstern (Offb 22,16).

Aufs Erste wirken die Verse sehr dogmatisch. Aber es ist Dogmatik in kühnen Bildern. Jesus, so wissen wir vom Nicänischen Bekenntnis, ist »Gott von Gott, Licht vom Licht, aus dem Vater geboren vor aller Zeit«.

Elisabeth Cruciger dichtete: »... *aus seim Herzen entsprossen* ...«. Wer Jesus begegnet, so will sie sagen, der erfährt nicht nur interessante Gedanken über Gott. Er schaut ihm vielmehr ins Herz. Dieses aber ist voll Liebe.

Christus erkennen, so hat *Melanchthon* einmal geschrieben, heiße entdecken, was er für uns getan hat. Elisabeth Cruciger beschreibt, worin Christi Wohltaten bestehen: »... *den Tod für uns zerbrochen, / den Himmel aufgeschlossen, / das Leben wiederbracht*« (V 2).

Das sind knappe, aber starke Worte. Sie machen deutlich, was gerade den Kirchen des Ostens so wichtig ist: dass Christi Geburt keine sentimentale Angelegenheit ist, alle Jahre wieder und immer unverbindlich. Sein Kommen ist vielmehr der Einbruch des Lebens in diese Welt.

»Und das Licht scheint in der Finsternis«, sagt das Johannesevangelium, »... und die Finsternis hat's nicht ergriffen.« (Joh 1,5) So übersetzt zumindest Martin Luther. Man kann den Satz des Evangeliums allerdings auch anders wiedergeben. Dann heißt er: »Und die Finsternis ist seiner nicht Herr geworden.«

Das will sagen: So wie ein Licht auch von der größten Dunkelheit nicht ausgelöscht werden kann, so ist Jesus zwar Widerstand und Spott, Schmerz und Tod begegnet, aber er ist darin nicht untergegangen. Im Gegenteil. Im Augenblick seiner tiefsten Schmach zeigte sich die Größe seiner Kraft. Weil es die Kraft der Liebe war. Die kann sich erniedrigen und wird dadurch nicht klein. Sie kann tragen und wird dabei nur noch stärker.

Mit anderen, eigenen Worten redet davon Elisabeth Cruziger. Am Anfang des Chorals taucht ein Bild auf, das wir auch aus anderen Liedern der Weihnachts- und Epiphaniaszeit kennen. »... *er ist der Morgensterne, / sein Glänzen streckt er ferne / vor andern Sternen klar*« (V 1). Der Morgenstern kündigt den neuen Tag an, während noch alles dunkel ist. In ähnlicher Weise wollen auch Jesus und seine Botschaft das Dunkle in der Welt erhellen.

»*Den Tod für uns zerbrochen, / den Himmel aufgeschlossen, / das Leben wiederbracht*«, heißt es in der zweiten Strophe. Was kann man dem noch hinzufügen außer der Bitte:

Gott, lass auch mich erfahren, wie groß du bist. Lass mich bei dir bleiben, wenn meine Schuld mich wieder von dir trennen will, wenn das Elend der Erde mir die Freude raubt, wenn mich die Bosheit in mir und um mich unfreundlich und verbittert macht.

Das Lied der Elisabeth Cruciger wirkt aufs Erste ein wenig dogmatisch. Wenn wir jedoch genauer hinsehen, entdecken wir, dass es von Anfang an ein Gebet ist.

In der dritten Strophe wird dies besonders deutlich. Dort kommt noch etwas anderes zum Vorschein, das diese Verse kennzeichnet: die Innigkeit. Was durch Christus geschehen ist, soll ins Leben hineingenommen werden. Darum wird der Wunsch geäußert, seine Nähe, *»die Süßigkeit«* seiner Gegenwart zu *»schmecken«* und die Sehnsucht nach ihm nicht einschlafen zu lassen.

Nicht abstumpfen. Nicht satt zufrieden sein. Immer mehr nach ihm verlangen. In immer engere Gemeinschaft mit Gott zu kommen, so lautet die Bitte dieser und der folgenden Strophen.

Dabei weiß die Dichterin, dass das nicht leicht ist. Von allein können wir es nicht. Unsere Kraft reicht nicht aus. Wir lassen uns zu leicht ablenken. Darum brauchen wir die Hilfe dessen, der die Welt geschaffen hat. Der muss schon selbst kommen, um alles zu beseitigen, was zwischen ihm und uns steht. Anders schaffen wir es nicht.

Dass Jesus von einem Menschen Besitz ergreifen und ihn verwandeln will, wird am Ende des Liedes noch einmal in einem kühnen Bild ausgesprochen. *»Ertöt uns durch dein Güte, / erweck uns durch dein Gnad«* (V 5).

Dass Zorn tötet, wissen wir. Auch Angst und Enttäuschung können die Lebensfreude rauben. Aber davon ist hier ja nicht die Rede. *»Ertöt uns durch dein Güte / erweck uns durch dein Gnad ...«* Das klingt erstaunlich. Aber eben darum geht es in der Erscheinung Jesu, dass er uns durch Liebe überwinden will und nicht durch Gewalt.

Auf ihre Weise erzählt davon die Geschichte *Fjodor Dostojewskis* vom Großinquisitor. Jesus, so wird da erzählt, war wieder auf die Erde gekommen. Nach Spanien dieses Mal, aber in der gleichen Gestalt wie damals vor hunderten von Jahren. Die Menschen haben ihn gleich erkannt. Sie umdrängen ihn, bringen ihre Kranken, ihre Toten, rufen sein Erbarmen an, und er hilft. Bis der Kardinalgroßinquisitor kommt. Jesus wird verhaftet. Er stört, genau wie um die Zeitenwende im Heiligen Land.

Um Mitternacht erscheint der neunzigjährige Kardinal bei dem Gefangenen. Er überschüttet ihn mit Vorwürfen. Er fragt, wie er es wagen könne, wiederzukommen. Fragen tauchen auf, die uns hier nicht zu beschäftigen brauchen.

Doch wie sieht das Ende aus? Der Greis möchte, dass Jesus ihm ein Wort nur sagt, heißt es in der Erzählung, ein stolzes oder auch ein furchtbares. Doch der steht plötzlich auf und küsst ihn sanft auf die blutlosen Lippen. Das ist die Antwort: die Liebe, die auch dem Verfolger gilt.

Sie bringt den hartgesottenen Alten aus der Fassung. »Um seine Mundwinkel zuckt es, er geht zur Tür, öffnet sie und sagt zu ihm: ›Geh und komm nicht wieder! Komm überhaupt niemals wieder! Niemals, niemals!‹ Und er lässt Ihn hinaus auf die dunklen Straßen und Plätze der Stadt. Der Gefangene geht.«

Dem habe ich nichts mehr hinzuzufügen. Nichts als die Frage, was sollte eigentlich uns daran hindern, viel fröhlicher aus dieser Güte zu leben, als wir es bisher taten?

Wie schön leuchtet der Morgenstern

EG 70; GL 554

1. *Wie schön leuchtet der Morgenstern / voll Gnad und Wahrheit von dem Herrn, / die süße Wurzel Jesse. / Du Sohn Davids aus Jakobs Stamm, / mein König und mein Bräutigam, / hast mir mein Herz besessen; / lieblich, freundlich, / schön und herrlich, groß und ehrlich, reich an Gaben, / hoch und sehr prächtig erhaben.*

2. *Ei meine Perl, du werte Kron, / wahr' Gottes und Marien Sohn, / ein hochgeborner König! / Mein Herz heißt dich ein Himmelsblum; / dein süßes Evangelium ist lauter Milch und Honig. / Ei mein Blümlein, / Hosianna! Himmlisch Manna, das wir essen, / deiner kann ich nicht vergessen.*

3. *Gieß sehr tief in das Herz hinein, / du leuchtend Kleinod, edler Stein, / mir deiner Liebe Flamme, / daß ich, o Herr, ein Gliedmaß bleib / an deinem auserwählten Leib, / ein Zweig an deinem Stamme. / Nach dir wallt mir / mein Gemüte, ewge Güte, bis es findet / dich, des Liebe mich entzündet.*

4. *Von Gott kommt mir ein Freudenschein, / wenn du mich mit den Augen dein / gar freundlich tust anblicken. / Herr Jesu, du mein trautes Gut, / dein Wort, dein Geist, dein Leib und Blut / mich innerlich erquicken. / Nimm mich freundlich / in dein Arme und erbarme dich in Gnaden; / auf dein Wort komm ich geladen.*

5. *Herr Gott Vater, mein starker Held, / du hast mich ewig vor der Welt / in deinem Sohn geliebet. / Dein Sohn hat mich ihm selbst vertraut, / er ist mein Schatz, ich seine Braut, / drum mich auch nichts betrübet. / Eia, eia, / himmlisch Leben wird er geben mir dort oben; / ewig soll mein Herz ihn loben.*

6. Zwingt die Saiten in Cythara / und laßt die süße Musika / ganz freudenreich erschallen, / daß ich möge mit Jesulein, / dem wunderschönen Bräut'gam mein, / in steter Liebe wallen. / Singet, springet, / jubilieret, triumphieret, dankt dem Herren; / groß ist der König der Ehren.

7. Wie bin ich doch so herzlich froh, / daß mein Schatz ist das A und O, / der Anfang und das Ende. / Er wird mich doch zu seinem Preis / aufnehmen in das Paradeis; / des klopf ich in die Hände. / Amen, Amen, / komm du schöne Freudenkrone, bleib nicht lange; / deiner wart ich mit Verlangen.

Text und Melodie: Philipp Nicolai 1599; Satz: Johann Sebastian Bach 1731

Im Jahre 1597 brach in der westfälischen Stadt Unna die Pest aus. *Philipp Nicolai*, der gerade das dortige Pfarramt angetreten hatte, musste miterleben, wie in kürzester Zeit Hunderte von Menschen dahingerafft wurden.

»Ich bin durch Gottes Gnade noch ganz gesund«, schrieb er, »wenngleich ich von Häusern, die von der Pest angesteckt sind, fast umlagert bin und auf dem Kirchhof wohne, wo täglich bald 24, 27, 29, 30 Leichen der Erde übergeben werden. … Durch Gottes Gnade bin ich furchtlos. Aber wenn ich fast nichts mehr höre als von Bestattung der Leichen, so ergreift mich fast eine Furcht, dass ich doch ja nichts anderes denke, als einzig das: Christo lebe ich; Christo sterbe ich; lebe ich oder sterbe ich, so bin ich Christi, dessen Gnade mich beschattet.«

In dieser Zeit las Philipp Nicolai viel in der *Offenbarung des Johannes.* Er verfasste auch ein Buch, das er »Freudenspiegel des ewigen Lebens« nannte. Dieses Buch enthält zwei Lieder, die zu den bekanntesten des Gesangbuches zählen. Trotz ihres oft schwierigen Textes wurden sie durch die Jahrhunderte hindurch überliefert und immer neu gesungen. »*Wachet auf, ruft uns die Stimme*«, (EG 147; GL 110) heißt das eine. Das andere »*Wie schön leuchtet der Morgenstern*«. Um dieses Lied soll es nun gehen.

Das Lied ist sehr kunstvoll gebaut. Setzt man für jede Silbe einen Strich, so ergibt sich im Druck die Form eines Kelches.

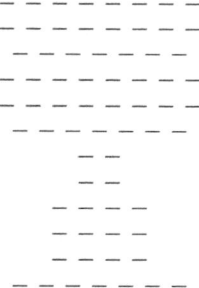

Zusammen mit der Tatsache, dass die Anfangsbuchstaben der Strophen den Namen eines Freundes und Gönners abkürzen, wirkt das alles sehr barock, verspielt. Liest man aber die vierte Strophe, so wird der Hinweis auf das Abendmahl offenkundig.

Wie oft wird der Pfarrer von Unna Sterbenden das Abendmahl gereicht haben. Und wie oft wird ihm dabei zum Bewusstsein gekommen sein, dass es darin um beides geht: um die Erinnerung an den Tod Jesu, aber auch um die Gewissheit seiner Gegenwart. Und die ist Grund zur Freude mitten in allem, was uns Angst macht und bedroht.

Das ist an diesem Lied nun wirklich zum Staunen: In der Pestzeit geschrieben, redet es dennoch unablässig vom Glanz und von der Freude. Das wurde bereits bei seiner Entstehung deutlich. Philipp Nicolai bekennt selbst, er sei so erfüllt gewesen vom Vorgeschmack des ewigen Lebens und einer großen inneren Freude, dass er die Mahlzeiten verschmähte und weder Hunger noch Durst verspürte, bis er seine »geistlichen Freudengedanken in diesem Lied in Ordnung und zu Ende gebracht habe«.

Von der Freude und vom Glanz spricht nun aber auch das Lied selbst. »*Wie schön leuchtet der Morgenstern*«, lesen wir bereits in der ersten Strophe in Anlehnung an das Wort aus der Offenbarung des Johannes: »Ich bin die Wurzel und das Geschlecht Davids, der helle Morgenstern« (Off 22,16).

»*Gieß sehr tief in das Herz hinein, / du leuchtend Kleinod, edler Stein, / mir deiner Liebe Flamme …*«, heißt es in der dritten Strophe und gleich danach: »*Von Gott kommt mir ein Freudenschein …*«

»*Wie bin ich doch so herzlich froh …*«, steht in der letzten Strophe und wiederum in Anlehnung an die Offenbarung des Johannes, »*… dass mein Schatz ist das A und O, / der Anfang und das Ende.*«

Kurz zuvor aber klingt es auf: »*Zwingt die Saiten in Cythara …*«, das heißt, bringt das Saitenspiel zum Klingen, »*… und laßt die süße Musika / ganz freudenreich erschallen …*«

Philipp Nicolai spricht jedoch nicht nur von der Freude. Da könnte ja der Verdacht entstehen, er würde wie ein Kind im Wald vor sich hinsingen, nur um die Angst zu vertreiben. Er nennt deren Grund: »*Du Sohn Davids aus Jakobs Stamm, / mein König und mein Bräutigam, / hast mir mein Herz besessen …*«, so lesen wir ziemlich am Anfang und dann, die Bilder erläuternd: »*Herr Gott Vater, mein starker Held, / du hast mich ewig vor der Welt / in deinem Sohn geliebet.*«

Jesus heißt also die Quelle der Freude. Warum? Weil an ihm sichtbar wurde, wie sehr uns der ewige Gott liebt. Diese Liebe will uns umgeben. An sie dürfen wir uns halten. Sie schenkt uns Gemeinschaft mit ihm. »*… er ist* *mein Schatz, ich seine Braut, / drum mich auch nichts betrübet.«*

Jesus ist für den Pfarrer und Dichter Nicolai keine bloße Gestalt der Geistesgeschichte und Gottes Liebe nicht irgendein theologischer Begriff. Sie sind für ihn Lebenswirklichkeit. Darum werden in seinem Lied alle Sinne angesprochen. Die Augen: *»Wie schön leuchtet der Morgenstern«.* Die Ohren: *»Laßt die süße Musika / ganz freudenreich erschallen«.* Ja sogar der Geruch und der Geschmack: *»Mein Herz heißt dich ein Himmelsblum; / dein süßes Evangelium / ist lauter Milch und Honig.«*

Gottes Größe, die Herrlichkeit seiner Liebe soll der Mensch also sehen und hören, riechen und schmecken. Ja, er kann sie sogar spüren: *»Nimm mich freundlich / in dein Arme ...«* Und er soll dadurch so fröhlich werden, dass davon nicht nur der Verstand und das Herz, sondern der ganze Körper, die Hände und die Füße in Bewegung versetzt werden. *»Singet, springet, / jubilieret, triumphieret ...«,* singt der Dichter. Bei ihm dürfen wir sogar in die Hände klatschen, wenn uns die Begeisterung über Gottes Barmherzigkeit dazu treibt.

Auf die Frage, wie er dazu kommt, sich trotz Elend und Tod zu freuen, antwortet Philipp Nicolai nicht mit nüchternen, sozusagen objektiven Sätzen. So wie es der 45. Psalm tut, den er selbst als seine Vorlage angibt, bekennt und lobt er zugleich. Nicolai redet von dem Verhältnis, das Jesus zu ihm, und er zu Jesus hat. Und er tut dies mit barocker Begeisterung. Die Fülle der Bilder, die sich fast atemlos abwechseln, der Überschwang des Gefühls machen das Lied auf der einen Seite anziehend, auf der anderen aber befremdet es auch.

Nun wissen wir, dass Philipp Nicolai von den Schriften des Mystikers *Bernhard von Clairvaux* beeindruckt war. Dieser mittelalterliche Mönch hatte Predigten über das hohe Lied Salomos gehalten und das Verhältnis Christi zu seiner Gemeinde in den glutvollen Bildern einer orientalischen Liebesbeziehung dargestellt.

Seine Predigten und noch mehr die Haltung, die sich in ihnen aussprach, haben stark gewirkt. Gerade dort, wo man gegen eine allzu äußerlich gewordene Frömmigkeit anging, waren diese Bilder lebendig: Jesus der Bräutigam, seine Gemeinde die Braut. Auf diese Weise sollte die Innigkeit der Beziehung zum Ausdruck kommen. Und so übertrug man schließlich diese Vorstellung auch auf das Verhältnis des einzelnen Gläubigen zu seinem Herrn.

Für uns ist es nicht leicht, dies nachzuvollziehen. Wir haben gelegentlich das Gefühl, die Grenzen des guten Geschmacks seien überschritten. Aus dem Bekenntnis zur Nähe Christi und aus Gottes tatkräftiger Liebe droht eine dumpfe Gefühligkeit zu werden.

Im Einzelnen muss wohl jeder selbst entscheiden, wo für ihn die Grenze liegt. Ich gestehe, dass ich mit manchen Bildern des Liedes erhebliche Schwierigkeiten habe. Dennoch halte ich folgendes für sehr wichtig: Manche unter uns haben Angst, der Glaube könnte zu sehr vom Gefühl bestimmt werden. Diese Angst ist verständlich. Wäre der christliche Glaube nichts anderes als die Aufwallung einer frommen Seele, hätte er wenig Wert.

Aus lauter Angst aber laufen wir Gefahr, das Kind mit dem Bade auszuschütten. Darum ist unsere Gottesbeziehung oft so gewollt verstandesbetont. Und in manchen Gottesdiensten fröstelt einen vor lauter Nüchternheit und Vernunft. Da gibt es bisweilen wenig, was die Seele füllt, und noch weniger, was den Körper bewegt. Wer sich bekreuzigt, wirkt katholisch, wer sich verneigt orthodox. Der Protestant bleibt dagegen kühl, aufrecht und steif.

Wenn ein Mensch anfängt, sich auf Gott einzulassen, so meint jedoch unser Lied, dann betrifft ihn dies mit Haut und Haaren. Dann gilt das seinem Kopf und seinem

Herzen, seiner Seele, aber auch seinem praktischen Verhalten.

Wichtige Botschaften, so sagen Leute, die davon etwas verstehen, werden auf eine zweifache Weise vermittelt: Durch einen Kälte- und einen Wärmestrom. Der Kältestrom hat mit kritischem Nachdenken und mit Nüchternheit zu tun, der Wärmestrom ist dagegen die Begeisterung für ein Ziel, eine mitreißende Vision, ein brennendes Herz.

Nachdem inzwischen immer wieder Menschen in Psychosekten landen. Nachdem sie in Geheimlehren das suchen, was nicht nur den Kopf, sondern auch das Herz erfüllt. Und nachdem dabei manche eingesponnen werden in fremdartige Lehren, die sie dem alltäglichen, lebendigen Leben entfremden, ist es dringend an der Zeit, dass wir wieder entdecken, wie zum christlichen Glauben von Anfang an beides gehört: Da ist auf der einen Seite das Nachdenken, die Fähigkeit, klar und eindeutig Rechenschaft abzulegen. Auf der anderen Seite aber geht es auch um inneres Bewegtsein, um Hingabe, um Innigkeit und um die Begeisterung für die Sache Christi.

Zur Erinnerung daran steht das Lied von Philipp Nicolai im Gesangbuch. Wir können es wohl nicht singen, ohne hier oder dort zu sagen: Das ist nicht meine Sprache. Da kann ich nicht mit. Ehe wir aber daraus den Schluss ziehen, das Lied überhaupt aus dem Gottesdienst zu verbannen, sollten wir uns von ihm fragen lassen: ›Kocht ihr euren Glauben eigentlich bloß auf der Sparflamme kühler Rationalität, oder begeistert er euch auch? Redet ihr nur über Gott, nüchtern und mit Distanz, oder kennt ihr auch die brennende Sehnsucht nach seiner Nähe und das innige Verlangen nach Gemeinschaft mit ihm?‹

Dass wir nicht abstumpfen, nicht satt und zufrieden werden, sondern immer mehr nach ihm verlangen, immer fester in seine Gemeinschaft hineinwachsen – auch darum geht es im Glauben.

Weil wir das aber nicht allein können, darum befindet sich mitten im Jubel des Liedes eine Bitte: *»Gieß sehr tief in das Herz hinein, / du leuchtend Kleinod, edler Stein, / mir deiner Liebe Flamme …«*

In unsere Sprache übertragen, könnte das etwa so lauten:

> Herr komm Du selbst zu uns.
> Du bist Sturm, bewege uns.
> Du bist Licht, erleuchte uns.
> Du bist Feuer, entflamme uns.
> Du bist das Leben, mach uns lebendig
> damit auch wir Dir dienen und Dich loben
> mit Herzen, Mund und Händen.

Jesu, meine Freude

EG 396 (Sonntag Laetare)

1. *Jesu, meine Freude, / meines Herzens Weide, / Jesu, meine Zier: / ach, wie lang, ach lange / ist dem Herzen bange / und verlangt nach dir! / Gottes Lamm, mein Bräutigam, / außer dir soll mir auf Erden / nichts sonst Liebers werden.*

2. *Unter deinem Schirmen / bin ich vor den Stürmen / aller Feinde frei. / Laß den Satan wettern, / laß die Welt erzittern, / mir steht Jesus bei. / Ob es jetzt gleich kracht und blitzt, / ob gleich Sünd und Hölle schrecken, / Jesus will mich decken.*

3. *Trotz dem alten Drachen, / Trotz dem Todesrachen, / Trotz der Furcht dazu! / Tobe, Welt, und springe; / ich steh hier und singe / in gar sichrer Ruh. / Gottes Macht hält mich in acht, / Erd und Abgrund muß verstummen, / ob sie noch so brummen.*

4. *Weg mit allen Schätzen; / du bist mein Ergötzen, / Jesu, meine Lust. / Weg, ihr eitlen Ehren, / ich mag euch nicht hören, / bleibt mir unbewußt! / Elend, Not, Kreuz, Schmach und Tod / soll mich, ob ich viel muß leiden, / nicht von Jesus scheiden.*

5. *Gute Nacht, o Wesen, / das die Welt erlesen, / mir gefällst du nicht. / Gute Nacht, ihr Sünden, / bleibet weit dahinten, / kommt nicht mehr ans Licht! / Gute Nacht, du Stolz und Pracht; / dir sei ganz, du Lasterleben, / gute Nacht gegeben.*

6. *Weicht, ihr Trauergeister, / denn mein Freudenmeister, Jesus, tritt herein. / Denen, die Gott lieben, / muß auch ihr Betrüben / lauter Freude sein. / Duld ich schon hier Spott und Hohn, / dennoch bleibst du auch im Leide, / Jesu, meine Freude.*

Text: Johann Franck 1653; Melodie: Johann Crüger 1653

In der Passionszeit bedenken wir das Leiden Jesu – und wir denken auch an das Leid in der Welt. Damit wird uns gesagt, dass Gott an die Leidenden denkt, dass er deshalb zu ihnen kam und einer der ihren wurde.

Es ist gut, dass uns die Sonntage vor Ostern an das erinnern, was Menschen Jesus angetan haben und was sie einander immer noch antun. Und es ist ebenfalls gut, dass uns der Gekreuzigte daran erinnert, dass Schmerzen und Angst, ja, dass auch der Tod zum Leben gehören. Davor verschließen wir uns leicht. Wir schieben es von uns weg und wir wollen, solange es nur möglich ist, nichts davon wissen. Darum sind unsere Tage oft so flach.

Nun gibt es allerdings auch das andere. Es kann sein, dass einer so sehr ins Dunkle starrt, dass er nur noch schwarz sieht. Es ist möglich, dass er sich so sehr mit dem Elend der Erde befasst, dass er selbst ganz mutlos und niedergeschlagen wird. Dann wagt er nicht mehr, sich zu freuen. Er verspricht sich aber auch nichts davon, Menschen zu trösten, Leiden zu lindern und das Unrecht zumindest zu verringern.

Mitten in der Passionszeit steht deshalb der Sonntag *Laetare*. Er spricht von der Freude. Er lässt durchscheinen, dass das Kreuz nicht das letzte ist. Er will uns zugleich Mut machen zu glauben, dass auch die Tränen und die Schmerzen nicht hoffnungslos endgültig sein müssen.

Darum steht im Gesangbuch das Lied *»Jesu, meine Freude«*. Es will uns – auch in seiner vielleicht fremden Sprache – dabei helfen, dass wir es uns immer wieder vorsagen als Wort gegen unsere Verzweiflung und gegen unsere Angst.

In den Bibelversen, von welchen unser Lied unmittelbar geprägt ist, geschieht etwas ganz Ähnliches. Auch dort, im 73. Psalm, wird zunächst von Enttäuschungen und von Zweifeln gesprochen. Dann aber heißt es: *»Dennoch bleibe ich stets an dir, denn du hältst mich bei meiner rechten Hand.«*

Schauen wir das Lied daraufhin ein wenig genauer an. Vielleicht können wir es besser verstehen, wenn wir noch etwas mehr darüber wissen.

Das Lied *»Jesu, meine Freude«* hat eine interessante, aber auch eigenartige Vorgeschichte. Im Jahr 1640 hatte der auch heute noch bekannte Dichter *Simon Dach* ein Liebeslied geschrieben. Es atmet in der Form und in der Sprache den Geist des Barock. *»Lesbia, mein Leben«* – heißt es dort – *»hat sich mir ergeben in gewünschter Pflicht. Ich will bei ihr stehen, bis ich werde gehen hier aus diesem Licht.«*

Dieses Gedicht wurde mehrfach aufgegriffen und abgewandelt. Auch eine fromme Spielart gab es: *»Christo hat mein Leben sich nun ganz ergeben ...«*

Der Bürgermeister der Stadt Guben, *Johann Franck,* hatte schon mehrere Lieder verfasst; er kannte eine dieser Nachdichtungen. Nach ihr hat er unseren Choral geschrieben. *»Flora, meine Freude«* – hieß das Werk – *»meines Herzens Weide, Flora, meine Ruh. Was mich so verzücket und den Geist bestricket, Flora, das bist du.«*

Das kann man heutzutage kaum hören, ohne lachen zu müssen. Trotzdem hat sich Johann Franck eng an diese Verse angelehnt. Umso erstaunlicher ist es, wie er beinahe Zug um Zug die Verse des 73. Psalms überträgt. *»Jesu, meine Freude ...«,* das mag ja noch auf die weltliche Vorlage zurückgehen, aber es entspricht ebenfalls dem Wort des Psalmisten: *»Das ist meine Freude, dass ich mich zu Gott halte.«* – Davon ist dann in der ganzen ersten Strophe des Liedes die Rede: dass einer sich zu Christus halten kann und dass er von ihm gehalten wird.

Die Bilder, die Johann Franck gebraucht, sind barock: ›Gottes Lamm‹, der ›Bräutigam‹ der Seele, ›Jesus, die Weide‹, auf welcher das Herz seine Nahrung findet. – So drücken wir uns nicht mehr aus. Aber die Sehnsucht nach seiner Nähe kennen wir noch immer. Und ist uns nicht auch das andere bekannt: die Erfahrung, dass man auf sein Wort hin immer wieder anfangen kann zu leben? Davon ist übrigens auch im 73. Psalm die Rede: *»Du Gott«*, heißt es dort, *»bist allezeit meines Herzens Trost und mein Teil.«*

Hinter dem hebräischen Wort, welches Luther mit *»Teil«* übersetzt, steht eine lange Geschichte. Als die Stämme Israels in das den Vätern verheißene Land einzogen, wurde das Los geworfen und danach jedem sein Teil Ackerland zugewiesen. Nur der Stamm *Levi* erhielt nichts. Für ihn als Priesterstamm galt: Dein Erbteil ist der Herr. Und das bedeutete ganz konkret: Du sollst von dem leben, was der Tempeldienst erbringt – vom Anteil an den Opfern und der Tempelsteuer.

In einem kühnen Übergriff bezieht der Beter des Psalms dieses Bild nun auf sich. Meine Lebensmöglichkeit – so bekennt er – ist Gott und sonst nichts. Darum kann er auch sagen: *»Wenn ich nur dich habe, so frage ich nichts nach Himmel und Erde.«*

Das ist nicht ein Wort der Weltverachtung, sondern des Vertrauens. Es meint: Ich will nicht auf das starren, was mir wehtut. Ich will nicht an dem hängenbleiben, was ich nicht erreicht habe. Ich will mich darüber freuen, dass ich von Gott nicht verlassen bin, und ich will daraufhin weiter reden und handeln.

In innerer Nähe zu diesen Sätzen des Psalmisten heißt es in unserem Lied: *»... außer dir soll mir auf Erden / nichts sonst Liebers werden.«* Oder noch deutlicher in der vierten Strophe: *»Weg mit allen Schätzen, / du bist mein Ergötzen, / Jesu, meine Lust.«*

Auch hier geht es nicht um Weltflucht, sondern um das Bekenntnis: Er wird mich nicht verlassen. Er gibt Freude und die Möglichkeit zu leben. Daraufhin kann auch ich weitermachen.

Dieses Zutrauen wird nun all dem entgegengesetzt, was ängstet und bedrängt: *»... Elend, Not, Kreuz,*

Schmach und Tod / soll mich, ob ich viel muss leiden, / nicht von Jesus scheiden.«

Davon ist bereits in der zweiten Strophe die Rede: *»Unter deinen Schirmen / bin ich vor den Stürmen / aller Feinde frei.«* In unserer Erinnerung taucht wieder ein Psalmwort auf: *»Wer unter dem Schirm des Höchsten sitzt und unter dem Schatten des Allmächtigen bleibt, der spricht zu dem HERRN: Meine Zuversicht und meine Burg, mein Gott, auf den ich hoffe.«* (Ps 91,1.2)

An dieser Stelle geht das Lied allerdings weiter als der Bibeltext. Es redet nämlich nicht nur allgemein von Gott und seiner Macht. Es nennt einen Namen, den Namen dessen, der unser Bruder geworden ist: den Namen Jesu. Er schützt uns, er steht uns bei – aber nun nicht so, dass er einfach alles zauberhaft von uns fernhält. Er breitet sich vielmehr selbst wie ein Schirm über uns, und er tut dies gerade dadurch, dass er das ›Stürmen der Feinde‹ am eigenen Leibe erfährt. Er leidet mit den Gequälten, er weint mit den Weinenden, um ihnen zu zeigen, dass sie nicht verlassen sind, und um ihnen so den Rücken zu stärken. Weil er aber zu uns steht, weil er mit uns gelitten und weil er überwunden hat, darum kann allem, was ängstet und quält, ins Gesicht gesungen werden: *»Trotz dem alten Drachen, / Trotz dem Todesrachen, / Trotz der Furcht dazu!«*

Ja, das gibt es, dieses *Dennoch* des Glaubens, diesen Einspruch gegen Elend, Bosheit und Tod. *»In der Welt habt ihr Angst; aber seid getrost, ich habe die Welt überwunden.«* (Joh 16,33) – *»... dennoch bleibe ich stets bei dir«.* – *»... dennoch bleibst du auch im Leide, / Jesu, meine Freude.«*

Um dieser Glaubenskraft willen fand das Lied ziemlich rasche Verbreitung. Es ging ihm zwar zunächst wie manchen neuen Liedern. »Etliche, sonderlich graue Häupter«, so heißt es in einer Schrift des Jahres 1693, »hörten zunächst mit Ungeduld zu. Sie fühlten sich beschwert, solches im Alter zu lernen, denn sie hatten's in ihrer Jugend nicht gehört. ... Nachdem es aber die ganze Gemeinde bald und freudig gelernt, schwiegen sie nicht nur still, sondern überwanden sich auch, durch ihre Brillen zu sehen, was an solchen Liedern lieblich und tröstlich wäre, und lernten bald, was ihnen zuvor unmöglich schien, und eben diese wurden hernach die Eifrigsten ...« (Johann Daniel Arcularius) – So setzte sich das Lied also durch als Ausdruck des Vertrauens.

Dieser Tage las ich einen Satz des jüdischen Religionsphilosophen *Abraham Heschel:* »Wir müssen erst in die Dunkelheit starren, uns erstickt und begraben fühlen in der Hoffnungslosigkeit eines Lebens ohne Gott, ehe wir willig und bereit sind, die Gegenwart seines lebendigen Lichtes zu spüren.« Ich hoffe, dass er damit nicht ganz recht hat, sondern dass uns auch die Freude an Gott erinnern und zu ihm führen kann.

Aber wenn es wahr wäre, dass wir deshalb so wenig von Gott erfahren, weil wir so wenig bereit sind, uns dem Dunkel und Elend der Welt zu stellen, dann wünsche ich uns, dass wir offene Augen bekommen, aber zugleich auch offene Ohren für das, was dieses Lied auch uns sagt. Denn so steht es noch immer vor uns: Es will die Wirklichkeit der Schmerzen und des Elends nicht vertuschen. Als es entstand, war der Dreißigjährige Krieg gerade erst zwei Jahre vorbei. Aber es will uns ermutigen, dass wir selbst es immer wieder unserer eigenen Verzweiflung entgegen sagen, damit auch für uns gilt, wovon am Ende des Liedes die Rede ist: *»Weicht ihr Trauergeister, / denn mein Freudenmeister, / Jesus, tritt herein.«*

Von der Wirkungsgeschichte unseres Liedes erzählt *Helmut Thielicke:* »Gegen Ende des Zweiten Weltkrieges hielt ich in einer Dorfkirche nahe bei Stuttgart die Sonntagspredigt. Während ich so richtig im Schwung war, erhob sich plötzlich, ohne dass Fliegeralarm gegeben worden wäre, ein schauerliches Heulen von Flugzeugmotoren. Dazu Maschinengewehrgeknatter und das Krachen der Flak. Bei Alarm schickte man die Gemeinde schleunigst nach Hause, aber das ging nun nicht mehr. Wir waren schon mitten im Schlamassel. Ich pflegte für Notfälle mit dem Organisten ein Lied zu verabreden, das beim Hinausgehen gesungen werden ... sollte. Zu dieser geistlichen Waffe griff ich auch jetzt und brüllte durch den Höllenlärm hindurch: ›Alle legen sich auf den Boden! Wir singen, Jesu, meine Freude!‹ Was die braven Leute denn auch genau so machten. Damals wurde mir übrigens klar, dass der Choral keine fromme Lyrik, sondern ein Kampfgesang ... ist ... Als ich die Gemeinde, die ich gar nicht mehr sah, aus der Tiefe der Kirchenbänke heraus singen hörte, während es um uns krachte und wetterte, musste ich lauthals lachen, obwohl die Situation kitzlig war und ich obendrein auf der Kanzel stand, wo man so etwas nicht zu tun pflegt. Aber der – trotz der beengten Lage der Singenden – immer noch triumphale Choral schaffte wohl eine Entrückung und eine Distanz, die dieses Lachen auf der Kanzel möglich machten. Und ich denke, dass auch der liebe Gott das, was ich gröblich tat, mit einem sehr feinen Lächeln begleitet hat, wie es dem hohen himmlischen Herrn gebührt.«

Darum noch einmal: »*Weicht ihr Trauergeister, / denn mein Freudenmeister, / Jesus, tritt herein.*«

Christ lag in Todesbanden
EG 101

1. *Christ lag in Todesbanden, / für unsre Sünd gegeben, / der ist wieder erstanden / und hat uns bracht das Leben. / Des wir sollen fröhlich sein, / Gott loben und dankbar sein / und singen Halleluja. / Halleluja.*

2. *Den Tod niemand zwingen konnt / bei allen Menschenkindern; / das macht alles unsre Sünd, / kein Unschuld war zu finden. / Davon kam der Tod so bald / und nahm über uns Gewalt, / hielt uns in seim Reich gefangen. / Halleluja.*

3. *Jesus Christus, Gottes Sohn, / an unser Statt ist kommen / und hat die Sünd abgetan, / damit dem Tod genommen / all sein Recht und sein Gewalt; / da bleibt nichts denn Tods Gestalt, / den Stachel hat er verloren. / Halleluja.*

4. *Es war ein wunderlich Krieg, / da Tod und Leben 'rungen; / das Leben behielt den Sieg, / es hat den Tod verschlungen. / Die Schrift hat verkündet das, / wie ein Tod den andern fraß, / ein Spott aus dem Tod ist worden. / Halleluja.*

5. *Hier ist das recht Osterlamm, / davon wir sollen leben, das ist an des Kreuzes Stamm / in heißer Lieb gegeben. / Des Blut zeichnet unsre Tür, / das hält der Glaub dem Tod für, / der Würger kann uns nicht rühren. / Halleluja.*

6. *So feiern wir das hoh Fest / mit Herzensfreud und Wonne, / das uns der Herr scheinen läßt. / Er ist selber die Sonne, / der durch seiner Gnaden Glanz / erleucht' unsre Herzen ganz; / der Sünden Nacht ist vergangen. / Halleluja.*

7. *Wir essen und leben wohl, / zum süßen Brot geladen; / der alte Sau'rteig nicht soll / sein bei dem*

Wort der Gnaden. / Christus will die Kost uns sein /
und speisen die Seel allein; / der Glaub will keins an-
dern leben. / Halleluja.

Text: Martin Luther 1524 teilweise nach der Sequenz »Victi-
mae paschali laudes« des Wipo von Burgund vor 1048 und
nach Nr. 99; Melodie: Martin Luther 1524 nach Nr. 99

Was an Ostern geschah, lässt sich nicht beschreiben. Dafür fehlen uns die Worte und das Vorstellungsvermögen.
Wir können lediglich versuchen, uns in Bildern dem Geheimnis der Auferstehung zu nähern. Und wir können
tun, was in jedem Ostergottesdienst geschieht: Wir können jubeln und singen.

Ich denke manches Mal, dass der, der sich einfach hineinnehmen lässt in das große Lob des großen Gottes, den
besseren Zugang zu Ostern findet als der, der darauf wartet, bis ihm alles erklärt wird.

Wer zu begreifen beginnt, was in Jesu Auferstehung
für uns alle geschah, der müsste mit den Christen in aller
Welt den Osterjubel anstimmen – so fröhlich und so echt,
dass sein ganzes Leben dadurch verwandelt wird.

Von zweierlei soll in dieser Predigt die Rede sein: Von
einem Bild, das wir alle kennen, dem Bild des Lichtes,
und von einem Osterlied, das aus der Feder *Martin
Luthers* stammt: *»Christ lag in Todesbanden«.*

Was Licht bedeutet, weiß besonders gut zu sagen, der eine lange Nacht hindurch auf den Morgen gewartet hat.
Wer kennt das nicht aus Zeiten der Krankheit! Da liegt
man in seinem Bett, und es will nicht Tag werden. Aus
der Nacht dringen so viele Gedanken auf einen ein, Sorgen, Ängste… Manchmal denkt man, das hört gar nicht
mehr auf.

In dem Augenblick aber, in dem es beginnt, hell zu
werden, sieht alles plötzlich ganz anders aus: Die Ängste
vergehen. Das Licht gibt Hoffnung. Noch ist die Dunkel-

heit zwar da, aber sie wird mehr und mehr zu Schatten und hat aufgehört zu bedrängen.

Jesu Auferstehung ist wie der Anbruch eines neuen Morgens mitten in der Nacht des Todes. Der Tod ist immer noch da. Das erfahren wir ja Tag für Tag. Er ist jedoch nur noch ein Schatten seiner selbst.

Das Lied sagt dies in einem großartigen Bild: »... *da bleibt nichts denn Tods Gestalt, / den Stachel hat er verloren ...*«

Doch damit ist das Bild auch schon an seine Grenze gekommen. Die Sonne, die am Morgen aufgeht, geht am Abend auch wieder unter. Die Lichter, die wir anzünden, erlöschen auch wieder. Unsere Lichter erhellen zwar die Nacht, sie beseitigen sie jedoch nicht.

Nun wird hier in der sechsten Strophe gesagt, die eigentliche Sonne sei Christus selbst. Mit ihm geht es jedoch umgekehrt wie mit allen anderen Lichtern dieser Welt. Sie brennen aus und müssen immer wieder vor der Dunkelheit kapitulieren. Vor Christus aber weicht die Finsternis.

Jesus und seine Auferstehung sind keine kurzatmigen Träume, mit denen wir uns das Leben einigermaßen erträglich machen. Sie erklären vielmehr den Gedanken an die Allmacht des Todes zur Illusion. Sie bestreiten sein Recht und seine Gewalt. So ist Jesu Auferstehung der Protest gegen die Allmacht des Todes.

Dass es dabei nicht nur um bloße Worte geht, dass da gekämpft wurde – davon redet die vierte Strophe. Sie ist das Herzstück des ganzen Liedes.

So hat es auch Paulus in seinem ersten Brief an die Korinther geschrieben: »Der letzte Feind, der aufgehoben wird, ist der Tod.« (1 Kor 15,26) – Der letzte Feind! Wer sich nicht mit ihm abfindet, wer aufbegehrt, hat die Bibel auf seiner Seite.

Natürlich gibt es Augenblicke, in denen der Tod gnädig zu sein scheint. Aber doch nur, weil das Leben zuvor schon kein Leben mehr war. Das Schreckliche am Tod ist seine Endgültigkeit. Solange wir leben, kann sich noch immer alles ändern – auch zum Besseren. Im Tod wandelt sich nichts mehr.

Wenn der Heimkehrer Beckmann in *Wolfgang Borcherts* »Draußen vor der Tür« spottend zu trösten versucht: »Ich glaube, der Tod muss ganz erträglich sein. Es ist doch noch keiner zurückgekommen, weil er den Tod nicht aushalten konnte«, dann bekennt er damit wieder nur die Übermacht des Todes.

Denn gleichgültig, ob er zur Unzeit oder – falls es das überhaupt gibt – zur Zeit kommt, er gibt keinen mehr frei. Diesem Tyrannen hat Jesus den Kampf angesagt.

»Es war ein wunderlich Krieg, / da Tod und Leben rungen ...«, heißt es im Lied (V 4).

Zunächst sah es ja aus, als endete der Kampf wie jeder andere. Jesus starb am Kreuz. Der Tod verschlang auch ihn. Doch damit, sagt Luther in einem kühnen Bild, hat der Tod sich übernommen: Er hat sich an Jesus die Zähne ausgebissen. – So wurde der Tod Jesu zum Tod des Todes.

Als er Jesus freigeben musste, hat sich gezeigt, dass der Tod viel vermag, aber nicht alles! Ostern hat ihn aus einer Sackgasse in eine Durchgangsstation verwandelt. Damit verlor der Tod zugleich seinen tyrannischen Anspruch auf unser ganzes Leben.

»Christus hat die befreit«, heißt es im Hebräerbrief, »die aus Furcht vor dem Tod ihr Leben lang Knechte sein mussten.« (Hebr 2, 14.15)

Wer weiß, dass am Ende der Tod steht und sonst nichts, für den wird das Leben zu einer Henkersmahlzeit. Wer will ihm verdenken, wenn er versucht, möglichst viel aus seinen begrenzten Tagen herauszuholen! Nur frei wird er auf diese Weise nicht. Die Erfahrung zeigt vielmehr, dass derjenige, der rafft und giert, oft nur unzufrieden und enttäuscht wird.

Demgegenüber hatte *Dietrich Bonhoeffer* recht, als er schrieb: »Wer damit rechnet, dass die endgültige Macht des Todes gebrochen wurde, der erwartet vom Leben alles oder nichts. Er kann vielmehr annehmen, was der Tag bringt. Auch das Schöne.« – Und er kann es fröhlich genießen.

Auch davon ist etwas in Luthers Lied, wenn an Stelle des Gedankens, das Leben sei ein Henkersmahl, vom Festmahl die Rede ist. Damit dürfen wir schon jetzt den Auferstandenen feiern.

Das Bild, das Luther gebraucht, ist das des Passahmahls, das die Christenheit mit Christus, dem Passahlamm, feiert. Aber es geht nicht um die Befreiung von der Macht des Pharao, sondern um die Befreiung von der Angst vor dem Tod. Und solche Freiheit bedeutet Leben. So ist im Grunde jeder Neuanfang Auferstehung.

Es geschah gewiss nicht von ungefähr, dass *Dostojewskij* in einer erregenden Szene das Neuwerden des Mörders Raskolnikow damit beginnen lässt, dass dem jemand die Geschichte von der Auferstehung des Lazarus vorliest.

Und ganz sicher gilt, was *Marie Luise Kaschnitz* in ihrem Gedicht schrieb:

Manchmal stehen wir auf
Stehen wir zur Auferstehung auf
Mitten am Tage

Auf, auf, mein Herz, mit Freuden
EG 112

1. *Auf, auf, mein Herz, mit Freuden / nimm wahr, was heut geschicht; / wie kommt nach großem Leiden / nun ein so großes Licht! / Mein Heiland war gelegt / da, wo man uns hinträgt, / wenn von uns unser Geist / gen Himmel ist gereist.*

2. *Er war ins Grab gesenket, / der Feind trieb groß Geschrei; / eh er's vermeint und denket, / ist Christus wieder frei / und ruft Viktoria, / schwingt fröhlich hier und da / sein Fähnlein als ein Held, / der Feld und Mut behält.*

3. *Das ist mir anzuschauen / ein rechtes Freudenspiel; / nun soll mir nicht mehr grauen / vor allem, was mir will / entnehmen meinen Mut / zusamt dem edlen Gut, / so mir durch Jesus Christ / aus Lieb erworben ist.*

4. *Die Höll und ihre Rotten, / die krümmen mir kein Haar; / der Sünden kann ich spotten, / bleib allzeit ohn Gefahr. / Der Tod mit seiner Macht / wird nichts bei mir geacht': / er bleibt ein totes Bild, / und wär er noch so wild.*

5. *Die Welt ist mir ein Lachen / mit ihrem großen Zorn, / sie zürnt und kann nichts machen, / all Arbeit ist verlorn. / Die Trübsal trübt mir nicht / mein Herz und Angesicht, / das Unglück ist mein Glück, / die Nacht mein Sonnenblick.*

6. *Ich hang und bleib auch hangen / an Christus als ein Glied; / wo mein Haupt durch ist gangen, / da nimmt er mich auch mit. / Er reißet durch den Tod, / durch Welt, durch Sünd, durch Not, / er reißet durch die Höll, / ich bin stets sein Gesell.*

7. *Er dringt zum Saal der Ehren, / ich folg ihm immer nach / und darf mich gar nicht kehren / an ein-*

zig Ungemach. / Es tobe, was da kann, / mein Haupt nimmt sich mein an, / mein Heiland ist mein Schild, / der alles Toben stillt.

8. Er bringt mich an die Pforten, / die in den Himmel führt, / daran mit güldnen Worten / der Reim gelesen wird: / »Wer dort wird mit verhöhnt, / wird hier auch mit gekrönt; / wer dort mit sterben geht, / wird hier auch mit erhöht.«*

* 2. Timotheus 2,11.12

Text: Paul Gerhardt 1647; Melodie: Johann Crüger 1647

In den ersten Strophen von *Paul Gerhardts* Lied wird erzählt. Es wird jedoch nicht nur dargestellt, nüchtern, kühl, mit Abstand: Da berichtet vielmehr einer von etwas, das ihn angeht, das Auswirkungen hat. Und weil es sich dabei um etwas ganz Fröhliches handelt, darum ruft er sich selbst auf hinzusehen, hinzuhören, mit allen Fasern sozusagen aufzunehmen, was geschieht.

Es wird vermutet, das Lied sei nicht direkt nach dem Lesen der Auferstehungsberichte entstanden; es sei vielmehr eine Art Bildbetrachtung. Dafür sprechen Worte wie *»Nimm wahr«* oder *»Das ist mir anzuschauen«* oder auch das Bild vom Lamm beziehungsweise vom Auferstandenen mit Siegesfahne, das man in spätmittelalterlichen Darstellungen häufig findet. Das würde ein Zeichen dafür sein, dass es in der Ostergeschichte nicht um eine bloße Mitteilung geht, die man aussprechen und hören kann, sondern um ein Ereignis, das den ganzen Menschen betrifft.

Doch worum geht es nun eigentlich? Um Licht, sagt das Lied. Das ist wieder ein Bild, allerdings eines, das wir auch heute noch gut verstehen.

Licht bringt Leben. Wenn ein Licht aufstrahlt, verändert sich alles. Wer einmal in stockdunkler Nacht durch fremdes Gelände musste oder auch nur in einen finsteren

Flur, weiß, was das bedeutet. Licht macht froh. Es nimmt die Beklemmung und das Bedrückende, das sich einstellt, wenn man keinen Weg mehr sieht und alles unheimlich geworden ist.

Dieses Licht geht von der Geschichte aus, die in der zweiten Strophe des Liedes erzählt wird. Jesus war tot. Er lag im Grab. Dort, wo für uns alles aus ist. Er aber kam wieder frei. *»... und ruft Viktoria, / schwingt fröhlich hier und da / sein Fähnlein als ein Held, / der Feld und Mut behält«* (V 2). Hinter diesem Satz stehen die vielen Worte vom Sieg, die wir in der Bibel finden: »Man singt mit Freuden vom Sieg in den Hütten der Gerechten: die Rechte des Herrn behält den Sieg!« (Ps 118, 15) Oder: »Der Tod ist verschlungen in den Sieg. Tod, wo ist dein Stachel? Hölle, wo ist dein Sieg?« (1 Kor 15,54.55)

Paul Gerhardts Lied ist übrigens etwa ein Jahr vor dem Ende des Dreißigjährigen Krieges entstanden. Da lagen solche kriegerischen Bilder nahe. Da wusste man aber auch, was es heißt, den Sieg zu erringen und damit Ängste und Bedrohungen hinter sich zu lassen.

Bei dem Sieg, von dem hier die Rede ist, geht es nicht um den Gewinn eines Scharmützels, nach dem dann doch alles beim Alten bleibt. Es handelt sich vielmehr um den Sieg, der uns alle betrifft, weil sich die Machtverhältnisse zwischen Tod und Leben grundlegend geändert haben. Darum wird auch gleich nach dem knappen Bericht gesagt, was dies alles für den Dichter des Liedes und für uns bedeutet. Das sind Worte!

In der Strophe 5 heißt es: *»... das Unglück ist mein Glück, / die Nacht mein Sonnenblick.«* Wer kann so etwas nachsprechen? Wer schafft das?

Für uns gibt es noch immer vieles, das Angst macht: Wir laden Schuld auf uns, ohne es zu wollen, und wissen oft nicht, wie wir mit ihr fertig werden sollen. Wir leiden auch – auf vielerlei Weise. Es ist nicht alle Tage Sonnenschein.

Jesus hat doch selbst leiden und schreien müssen. Übrigens auch Paul Gerhardt blieb von Leiden nicht verschont. Von fünf Kindern hat er vier hergeben müssen, und kurz nach der Geburt des letzten starb auch seine Frau.

Gewiss, das war etliche Jahre, nachdem er sein Osterlied geschrieben hatte. Aber er hätte sich später wohl nicht anders geäußert. Weil Jesus auferstanden ist, darum rechnete der Dichter tatsächlich damit, dass Jesu Tod nicht umsonst war und dass das Wort von der Vergebung gilt und die Botschaft von seiner Nähe kein frommer Traum ist.

So sind die Dinge, die uns bedrängen, zwar noch immer vorhanden, aber sie sind nicht mehr das Letzte. »Die Nacht ist noch nicht vergangen«, schreibt Dietrich Bonhoeffer, »aber es tagt schon.« So gesehen erhalten auch diese aufs Erste so schwer nachzuvollziehenden Verse einen Sinn. Nicht als stolze Behauptung eines, der über den Dingen steht, aber sehr wohl als ein Wort, das wir immer wieder an uns selbst richten können, wenn wir zwischen Verzweiflung und Zuversicht stehen: Vergiss nicht, was an Ostern geschah. Jesus ist im Leid gewesen, aber er hat es überwunden. Er war im Tod und ist durch ihn hindurch ins Leben gekommen. Er war in der Hoffnungslosigkeit und wurde dennoch zum Zeichen der Hoffnung.

Davon redet die sechste Strophe. Sie sagt, dass wir zu diesem Jesus gehören, so wie die Hände und Füße zum Körper. Das bedeutet nicht, dass wir eine Garantie auf ein sorgenfreies Leben haben. Es meint aber, dass wir auch im Tod nicht aus seiner Hand fallen.

Jörg Zink erzählte einmal von einer alten Kirche. In deren Chorraum befindet sich ein großes gotisches Fenster mit einer farbigen Fülle von Geschichten der Bibel. Auf der einen Seite ist die Auferstehung Jesu dargestellt. Ihr gegenüber sieht man die Abbildung einer wenig bekannten Erzählung des Alten Testaments. Die schildert, wie der bärenstarke Simson eines Tages in der Stadt Gaza gefangen war. Die Tore hatten sich geschlossen, und er konnte nur noch eine lange Nacht hindurch darauf warten, dass seine Feinde, die Philister, kämen und mit ihnen der Tod. Am Morgen aber sei Gottes Geist über Simson gekommen. Er sei aufgestanden, habe die Torflügel aus den Angeln gehoben und sie auf seinen Schultern auf den Berg getragen – in die Freiheit.

In dieser Geschichte sahen die frühen Christen ein Bild dessen, was Jesus für uns getan hat. Simson erlebte, was allen Menschen widerfährt: dass der Tod sie einschließt wie eine unübersteigbare Mauer. Aber so wie Simson hat Jesus das Tor geöffnet. Und nicht nur einen Spalt weit, um rasch zu entwischen. Er hat es aus den Angeln gehoben.

Auf seine Weise beschreibt dies auch Paul Gerhardts Lied: »*Ich hang und bleib auch hangen / an Christus als sein Glied. / Wo mein Haupt durch ist gangen, / da nimmt er mich auch mit*« (V 6).

Als Kinder kannten wir das alle: Wenn wir beim Versteckspielen den Kopf durch eine Öffnung bekommen hatten, dann folgte der Körper fast von allein.

Für Paul Gerhardt geht es freilich nicht um ein Kinderspiel! Für ihn und für uns ist es die Kraft des Auferstandenen, die uns aus dem Tod reißt.

Ich singe dir mit Herz und Mund

EG 324

1. Ich singe dir mit Herz und Mund, / Herr, meines
Herzens Lust; / ich sing und mach auf Erden kund,
/ was mir von dir bewußt.

2. Ich weiß, daß du der Brunn der Gnad / und ewge Quelle bist, / daraus uns allen früh und spat / viel
Heil und Gutes fließt.

3. Was sind wir doch? Was haben wir / auf dieser
ganzen Erd, / das uns, o Vater, nicht von dir / allein
gegeben werd?

4. Wer hat das schöne Himmelszelt / hoch über uns
gesetzt? / Wer ist es, der uns unser Feld / mit Tau und
Regen netzt?

5. Wer wärmet uns in Kält und Frost? / Wer schützt
uns vor dem Wind? / Wer macht es, daß man Öl und
Most / zu seinen Zeiten find't?

6. Wer gibt uns Leben und Geblüt? / Wer hält mit seiner Hand / den güldnen, werten, edlen Fried / in
unserm Vaterland?

7. Ach Herr, mein Gott, das kommt von dir, / du, du
mußt alles tun, / du hältst die Wach an unsrer Tür /
und läßt uns sicher ruhn.

8. Du nährest uns von Jahr zu Jahr, / bleibst immer
fromm und treu / und stehst uns, wenn wir in Gefahr / geraten, treulich bei.

9. Du strafst uns Sünder mit Geduld / und schlägst
nicht allzusehr, / ja endlich nimmst du unsre
Schuld / und wirfst sie in das Meer.

10. Wenn unser Herze seufzt und schreit, / wirst du
gar leicht erweicht / und gibst uns, was uns hoch
erfreut / und dir zur Ehr gereicht.

11. Du zählst, wie oft ein Christe wein / und was
sein Kummer sei; / kein Zähr- und Tränlein ist so
klein, / du hebst und legst es bei.

12. Du füllst des Lebens Mangel aus / mit dem, was ewig steht, / und führst uns in des Himmels Haus, / wenn uns die Erd entgeht.

13. Wohlauf, mein Herze, sing und spring / und habe guten Mut! / Dein Gott, der Ursprung aller Ding, / ist selbst und bleibt dein Gut.

14. Er ist dein Schatz, dein Erb und Teil, / dein Glanz und Freudenlicht, / dein Schirm und Schild, dein Hilf und Heil, / schafft Rat und läßt dich nicht.

15. Was kränkst du dich in deinem Sinn / und grämst dich Tag und Nacht? / Nimm deine Sorg und wirf sie hin / auf den, der dich gemacht.

16. Hat er dich nicht von Jugend auf / versorget und ernährt? / Wie manches schweren Unglücks Lauf / hat er zurückgekehrt!

17. Er hat noch niemals was versehn / in seinem Regiment, / nein, was er tut und läßt geschehn, / das nimmt ein gutes End.

18. Ei nun, so laß ihn ferner tun / und red ihm nicht darein, / so wirst du hier im Frieden ruhn / und ewig fröhlich sein.

Text: Paul Gerhardt 1653; Melodie: Nun danket all und bringet Ehr (Nr. 322); Satz: Johann Crüger 1653

Wer sich freuen will, muss einen Grund dazu haben. Das Gleiche gilt für den, der singen möchte.

Zugegeben, manche singen aus Angst. Sie singen, um sich Mut zu machen. Andere trällern sich über das Elend der Welt hinweg. Sie singen, als sei alles in Ordnung, als gäbe es keinen Schmerz, keine Krankheit, kein Scheitern und keinen Tod.

Auf Dauer lässt sich das jedoch nicht durchhalten. Wir können uns nicht ständig betrügen. Und darum noch einmal: Wer fröhlich singen will, muss einen Grund dafür haben. Einen, der tiefer reicht als alles, was müde und niedergeschlagen macht.

Paul Gerhardt meint, einen solchen Grund zu kennen. Darum singt er nicht nur mit dem Mund, sondern auch mit dem Herzen: *»Ich singe dir mit Herz und Mund / … / ich sing und mach' auf Erden kund, / was mir von dir bewußt«* (V 1).

Das Erste, woran der Dichter denkt, ist die Schöpfung. Er spricht aber nicht nur von ihr. Er staunt über sie. Das zeigen bereits die Fragen, mit denen er beginnt. *»Wer hat das schöne Himmelszelt / hoch über uns gesetzt?«*; *»Wer wärmet uns in Kält und Frost?«*; *»Wer gibt uns Leben und Geblüt?«*

Es ist wichtig, sich dies immer wieder einmal deutlich zu machen. Dass wir leben, ist ein Wunder. Dass die Sonne scheint, dass die Vögel singen, dass die Blumen blühen, und dies in einer unbeschreiblichen Vielfalt und Pracht. Das ist alles nicht selbstverständlich.

Wir sind umgeben von Wundern. Eine Blume ist ein Wunder. Ein Käfer ist ein Wunder. Jeder Tag ist angefüllt mit Wundern. Man muss nur genau hinschauen. Weil wir dies alles aber nicht von uns aus können, darum fährt der Dichter fast atemlos fort: *»Ach Herr, mein Gott, das kommt von dir, / du, du mußt alles tun …«* (V 7).

Doch dann geht er weiter. Paul Gerhardt findet noch mehr Staunenswertes. Da sind nicht nur die Wunder der Schöpfung. Da ist auch die Tatsache, dass Gott die Welt erhält.

In Erinnerung daran, dass Paul Gerhardt unser Lied kurz nach dem Ende des Dreißigjährigen Krieges dichtete, und im Blick auf die Friedlosigkeit vielerorts, liest man die sechste Strophe ganz neu. *»Wer hält mit seiner Hand / den güldnen, werten, edlen Fried / in unserm Vaterland?«* (V 6). Wie kostbar muss einem der Friede geworden sein, wenn einer solche Worte dafür findet.

Man muss den Atem anhalten vor Staunen darüber, dass Gott diese Erde, trotz der Grausamkeiten, die auf ihr geschehen, trotz der Zerstörungen, die wir Menschen anrichten, noch immer Früchte tragen lässt.

Vor kurzem habe ich eine Photographie des Mandelbäumchens in *Schalom Ben Chorins* Garten gesehen. Viele kennen das Lied, das er während der Kriegs- und Verfolgungszeit geschrieben hat: *»Freunde, dass der Mandelzweig / wieder blüht und treibt, / ist das nicht ein Fingerzeig, / dass die Liebe bleibt?«* Irgendwann in den vergangenen Jahren musste dieser Mandelbaum einem Parkplatz weichen. Er wurde abgesägt und die Fläche geteert. Aber seine Triebe waren nicht tot. Sie haben den Asphalt gesprengt. Das Bäumchen wuchs wieder. So ist der kleine Mandelbaum auf doppelt eindrucksvolle Weise zu einem Sinnbild der lebenserhaltenden Schöpferkraft geworden.

Von der redet also nicht nur der Dichter des 17. Jahrhunderts. Sie berührt auch uns.

Bei alledem, fährt nun Paul Gerhardt fort, begegnet uns ein Wunder, das noch größer ist als das von Schöpfung und Erhaltung: das Wunder der Gnade.

Gott geht nicht mit uns um, wie wir es verdient hätten. Er lässt uns nicht jede Suppe auslöffeln, die wir uns eingebrockt haben.

Danken müsste man können
und sich ehrlich freuen,
danken und nicht vergessen, wie gut es uns geht.
Wenn wir alles hätten büßen müssen,
wenn die Zeit nichts heilte.
Wir wurden verschont.
Das Leben wurde uns geschenkt,
die Möglichkeit, neu zu beginnen.
Ja, danken müsste man können
und sich ehrlich freuen.

Ich weiß nicht, wer diese Sätze geschrieben hat. Aber ich stimme ihnen zu. Und ich wünsche uns, dass wir nicht nur das Elend dieser Erde sehen, nicht nur das Unrecht, das um uns und durch uns geschieht. Ich wünsche uns, dass wir auch das Erfreuliche wahrnehmen, das es ebenfalls gibt.

»Ist es auch ein Duft von Blumen nur« – hat *Christian Morgenstern* geschrieben – »macht er schöner doch der Erde Flur, wie ein Lächeln unter vielen Schmerzen.«

Nun gibt es freilich, gerade in unserer Zeit, auf Generationen verseuchte Erde. Es gibt zerstampfte Felder, verdorbenes Wasser, vergiftete Luft. Es gibt Leben, das endgültig zerstört wurde, Hoffnungen, die unwiderruflich dahin sind.

Es gibt die großen Einwände gegen das Singen und das Fröhlichsein: die menschliche Schuld und das menschliche Leid.

Doch da weiß Paul Gerhardt ebenfalls Bescheid. Er hat die Jahre des Dreißigjährigen Krieges durchlitten.

So kann er das großartige Bild des Propheten Micha aufgreifen (Mi 7,19) und schreiben: »... *ja endlich nimmst du unsere Schuld / und wirfst sie in das Meer*« (V 9). Zugleich wird ihm der 56. Psalm wichtig. Dort heißt es: »... sammle meine Tränen in deinen Krug; ohne Zweifel, du zählst sie« (V 9). Paul Gerhardt schreibt: »*Du zählst, wie oft ein Christe wein / und was sein Kummer sei; / kein Zähr- und Tränlein ist so klein, / du hebst und legst es bei.*«

Auch das ist ein eindrucksvolles Bild. Es sagt: Unsere Tränen gehen nicht verloren. Gott nimmt sie ernst. Was uns zum Weinen bringt, geht auch an ihm nicht spurlos vorüber.

In den letzten Strophen des Liedes tauchen noch einmal Fragen auf. Sie klingen ähnlich wie die vom Anfang. Aber sie sind ganz anderer Art. Es sind die Fragen der Klage. Warum hat es gerade mich getroffen? Wie lange soll ich das alles noch ertragen? Wie wird es weitergehen?

An dieser Stelle erhält ein Bibelwort Bedeutung, das ebenfalls in Paul Gerhardts Lied anklingt. »Alle eure Sorge werft auf ihn; denn er sorgt für euch.« (1 Petr 5,7) Das hat sich der Dichter immer wieder vorgehalten. Er hat es nicht einfach eine schöne Rede sein lassen. Er hat es auf sein Leben bezogen, auf seine Fragen und seine Not. Darum konnte er sich und zugleich uns sagen: *»Was kränkst du dich in deinem Sinn / und grämst dich Tag und Nacht? / Nimm deine Sorg und wirf sie hin / auf den, der dich gemacht«* (V 15).

Zum Glauben gehört nicht einfach, dass wir ergeben die Augen niederschlagen und uns unbesehen in unser Schicksal ergeben. Weil wir einen lebendigen Gott als Gegenüber haben, darum können wir unsere Not vor ihm hinausschreien.

Ja, wenn es sein muss, können wir sie ihm auch vor die Füße werfen, oder wie Martin Luther in seiner drastischen Art gesagt hat, ihm auf die Schultern packen. »Er hat einen breiten Hals und kann's wohl tragen.«

Da bleibt nun freilich eine Frage. Die ist bitter und wichtig zugleich. Sie lautet: Ist das alles wahr? Oder ist es eine schöne, aber hilflose Vertröstung? Diese Frage gilt in besonderer Weise für die zwölfte Strophe, in der es heißt: *»Du füllst des Lebens Mangel aus / mit dem, was ewig steht, / und führst uns in des Himmels Haus, / wenn uns die Erd entgeht«* (V 12).

Nun ist es wichtig, von dem zu wissen, das über den Alltag hinausreicht. Dennoch hat man dem Christentum nicht immer zu Unrecht den Vorwurf gemacht, dass es auf die Ewigkeit vertröste, wenn das Leben zudringlich wird. Dass es vom Himmel rede, statt das Leid auf der Erde zu beseitigen.

Dem widerspricht Paul Gerhardt: »*Wohlauf, mein Herze, sing und spring / und habe guten Mut!*« (V 13). Nicht weil am Ende einmal alles golden wird wie im Märchen, sondern weil dein Gott, der Ursprung aller Ding, schon jetzt da ist und weil er mittragen und weil er uns nicht aufgeben will.

Es wird noch etwas Weiteres wichtig. Paul Gerhardt hat angegeben, dass man sein Lied auf die Weihnachtsmelodie »Lobt Gott ihr Christen alle gleich« (EG 27; GL 134) singen solle. Als er das Lied schrieb, hatte er diese Melodie vor seinen inneren Ohren.

»*... Dein Gott, der Ursprung aller Ding, / ist selbst und bleibt dein Gut.*« (V 13). So heißt es bei Paul Gerhardt. Das passt genau zur Weihnachtsbotschaft. Sie sagt, dass Gott nicht nur groß ist, erhaben und himmelweit weg von allem, was uns zu schaffen macht. Er ist vielmehr an unsere Seite getreten. Er wollte es nicht besser haben als wir. Er hat sich für uns eingesetzt und sich an uns hingegeben und ist einer von uns geworden. Das aber heißt zugleich, dass er mit uns leidet und mit uns weint. Es heißt aber auch, dass er uns stützen und tragen will.

Helmut Gollwitzer schrieb einmal – und das trifft die Sache sehr genau –: »Wir sind umgeben nicht vom kalten Nichts. Wir sind regiert nicht vom blinden Schicksal. Wir sind erwartet nicht vom letzten Henker, dem Tod. Wir sind getragen, regiert, erwartet, von einem, der mit uns leidet und sich für uns opfert und die Zukunft für uns gewinnt.«

Paul Gerhardt aber dichtete: »*Er ist dein Schatz, dein Erb und Teil*« – deine Lebensmöglichkeit – »*dein Glanz und Freudenlicht, / dein Schirm und Schild, dein Hilf und Heil, / schafft Rat und läßt dich nicht*« (V 14).

Wer sich auf Gott verlässt, heißt das doch, der wird nicht automatisch frei von Sorgen, auch nicht von Schmerzen und von der Trauer. Aber er kann frei werden von der Verzweiflung, weil er gehalten wird. Dafür steht nicht zuletzt der Mann, der sein Lied mitten in der Freude, aber auch in der Armut und in den Mühen des Wiederaufbaus gedichtet hat.

Das aber haben Lieder so an sich: Sie wollen gar nicht nur, dass man sie liest und über sie nachdenkt. Sie wollen vor allem gesungen werden. Das ist bisweilen schwer. Darum gibt es Musik in unseren Kirchen, darum gibt es Chöre und Orgeln, dass wir gerade in Zeiten, in denen uns das Singen schwer fällt, von ihnen ermuntert und mitgenommen werden. Sollte es uns die Kehle zuschnüren, dann singen die anderen stellvertretend für uns.

Zugleich singen sie uns das Lied vor, in das wir, und sei es erst bei der letzten Strophe, einstimmen können: »*Ei nun, so laß ihn ferner tun / und red ihm nicht darein ...*« (V 18).

Sei Lob und Ehr dem höchsten Gut

EG 326; Choralkantate von J. S. Bach (BWV 117)

1. Sei Lob und Ehr dem höchsten Gut, / dem Vater aller Güte, / dem Gott, der alle Wunder tut, / dem Gott, der mein Gemüte / mit seinem reichen Trost erfüllt, / dem Gott, der allen Jammer stillt. / Gebt unserm Gott die Ehre!

2. Es danken dir die Himmelsheer, / o Herrscher aller Thronen; / und die auf Erden, Luft und Meer / in deinem Schatten wohnen, / die preisen deine Schöpfermacht, / die alles also wohl bedacht. / Gebt unserm Gott die Ehre!

3. Was unser Gott geschaffen hat, / das will er auch erhalten, / darüber will er früh und spat / mit seiner Güte walten. / In seinem ganzen Königreich / ist alles recht, ist alles gleich. / Gebt unserm Gott die Ehre!

4. Ich rief zum Herrn in meiner Not: / »Ach Gott, vernimm / mein Schreien!« / Da half mein Helfer mir vom Tod / und ließ mir Trost gedeihen. / Drum dank, ach Gott, drum dank ich dir; / ach danket, danket Gott mit mir! / Gebt unserm Gott die Ehre!

5. Der Herr ist noch und nimmer nicht / von seinem Volk geschieden; / er bleibet ihre Zuversicht, / ihr Segen, Heil und Frieden. / Mit Mutterhänden leitet er / die Seinen stetig hin und her. / Gebt unserm Gott die Ehre!

6. Wenn Trost und Hilf ermangeln muß, / die alle Welt erzeiget, / so kommt, so hilft der Überfluß, / der Schöpfer selbst, und neiget / die Vateraugen denen zu, / die sonsten nirgends finden Ruh. / Gebt unserm Gott die Ehre!

7. Ich will dich all mein Leben lang, / o Gott, von nun an ehren, / man soll, Gott, deinen Lobgesang / an allen Orten hören. / Mein ganzes Herz ermuntre

sich, / mein Geist und Leib erfreue dich! / Gebt un-
serm Gott die Ehre!

8. Ihr, die ihr Christi Namen nennt, / gebt unserm
Gott die Ehre; / ihr, die ihr Gottes Macht bekennt, /
gebt unserm Gott die Ehre! / Die falschen Götzen
macht zu Spott; / der Herr ist Gott, der Herr ist Gott!
/ Gebt unserm Gott die Ehre!

9. So kommet vor sein Angesicht / mit jauchzenvollem
Springen; / bezahlet die gelobte Pflicht / und laßt uns
fröhlich singen: / Gott hat es alles wohl bedacht / und
alles, alles recht gemacht. / Gebt unserm Gott die Ehre!

Text: Johann Jakob Schütz 1675; Melodie: Johann Crüger 1653

»Eigenlob stinkt«, sagt das Sprichwort. Trotzdem gibt es
das noch immer und in ausreichendem Maß unter uns.

Gelegentlich ist es geradezu irritierend, wie etwa Poli-
tiker, aber nicht nur sie, auch aus sehr bescheidenen Er-
gebnissen einen Anlass zum Selbstruhm machen. Wem
dies zu unfein ist oder zu grob, dem bietet sich das an,
was einmal jemand ein »Lobkartell« genannt hat.

Das Wort klingt kompliziert. Die Sache ist einfach: Ich
lobe einen anderen, auch wenn es vielleicht wenig
Grund dafür gibt. Und er tut für mich das Gleiche. So
braucht sich keiner selbst ins rechte Licht zu setzen. Das
besorgt der andere – auf Gegenseitigkeit.

Was wirst du tun, Gott, wenn ich sterbe?
Ich bin dein Krug (wenn ich zerscherbe?)
Ich bin dein Trank (wenn ich verderbe?)
Bin dein Gewand und dein Gewerbe,
mit mir verlierst du deinen Sinn.
Nach mir hast du kein Haus, darin
dich Worte, nah und warm begrüßen.
Es fällt von deinen müden Füßen
die Samtsandale, die ich bin.

Rainer Maria Rilke (Aus: Das Stunden-Buch)

Menschen ehren einander, geben sich selbst die Ehre. ...
Hat Gott das nötig?

»Gebt unserem Gott allein die Ehre«, heißt es im Lied des *Mose* (5 Mose 32, 3b).

In dem Lied, das Johann Sebastian Bach seiner nicht näher dem Kirchenjahr zugeordneten Choral-Kantate zugrunde gelegt hat, taucht diese Zeile immer und immer wieder auf.

»Gebt unserm Gott die Ehre!« Dieser Aufruf ernüchtert und befreit. Wenn Gott nämlich alles Ansehen und aller Ruhm zukommt, dann ist das Lob, das wir empfangen, und das Lob, das wir austeilen, etwas Zweitrangiges. Wir können es annehmen und uns darüber freuen, aber wir sind nicht darauf angewiesen. Denn wichtiger als das, was andere über uns denken, ist das Urteil, das Gott über uns abgibt.

»Gebt unserm Gott die Ehre!« Dieser Satz lässt uns aber auch fragen: Warum loben wir Gott? Aus Gewohnheit? Aus Pflicht? Oder weil wir hoffen, am Ende etwas dafür zu bekommen?

Es ist schon einige Jahre her, da schrieb *Abram Terz Senjawskij,* einer der russischen Dissidenten: »Glauben muss man nicht aus Tradition, aus Todesfurcht, nicht auf jeden Fall, nicht deswegen, weil irgendjemand es befiehlt und irgendetwas schreckt, nicht aus humanistischen Prinzipien, nicht, um erlöst zu werden, und nicht aus Originalität. Glauben muss man aus dem einfachen Grund, weil Gott existiert.«

Ganz ähnlich würde wohl *Johann Jakob Schütz,* der Dichter des Liedes, antworten: ›Ihr fragt mich, warum ich Gott lobe? Auf jeden Fall nicht, damit ich etwas dafür bekomme. Gott braucht keine bezahlten Beifallsspender. Das hat er nicht nötig, denn er ist alles. Er ist die Fülle. Er ist auch die Quelle des Lebens und der Freude.‹

Johann Jakob Schütz, der in den Erbauungsstunden des *Jakob Spener* die Botschaft der Reformatoren wiederentdeckte und zu einem persönlichen Glauben gefunden hatte, begründet seine Überzeugung nach zwei Seiten. Er redet zum einen von der Schöpfung und zum anderen von seiner eigenen Erfahrung. Fast Wort für Wort zeichnet er dabei die biblische Vorlage (5 Mose 32) nach, wo es heißt: *»Ich will den Namen des HERRN preisen. / Gebt unserm Gott allein die Ehre! / Er ist ein Fels. Seine Werke sind vollkommen; / denn alles, was er tut, das ist recht.«*

Johann Jakob Schütz entfaltet und ergänzt sie jedoch auch: *»Es danken dir die Himmelsheer, / o Herrscher aller Thronen; / und die auf Erden, Luft und Meer / in deinem Schatten wohnen, / die preisen deine Schöpfermacht, / die alles also wohl bedacht. / Gebt unserm Gott die Ehre!«* (V 2).

Das ist also das eine, was ihn zum Singen brachte, und was auch uns dazu anstiften soll. Er entdeckte in dieser Welt den Reichtum und die Liebe des Schöpfers.

Nun gibt es auf unserer Erde jedoch auch viel Gewalt, Unrecht und Elend. Aber keiner kann behaupten, dass diese Welt nur aus Schrecklichem besteht. Ein Blick in die Natur müsste uns überzeugen: Da blüht es und wächst. Nicht karg, nicht eintönig, sondern in einer atemberaubenden Vielfalt.

Und da ist das Wunder, dass Leben weitergegeben und bewahrt wird. *»Was unser Gott geschaffen hat, / das will er auch erhalten ...«* (V 3), heißt es im Lied. Schütz redet nicht nur allgemein. Er wird auch ganz persönlich. Er verschanzt sich nicht hinter objektiven Tatbeständen. Er tritt mit seiner eigenen Person für die Wahrheit seiner Botschaft ein. Er kann es auch bezeugen. Er hat es selbst erlebt: *»Ich rief zum Herrn in meiner Not: / ›Ach Gott, vernimm mein Schreien!‹ / Da half mein Helfer mir vom Tod / und ließ mir Trost gedeihen«* (V 4).

Doch fast, als fürchtete er, es könnte jemand einwenden: ›Schön, aber das bist halt du. Woher soll ich wissen, dass das auch mir gilt?‹, fährt Johann Jakob Schütz fort: *»Der Herr ist noch und nimmer nicht / von seinem Volk geschieden …«* (V 5). Auf ihn, so will er sagen, ist auch weiterhin Verlass, und er sagt es noch zusätzlich mit einem wunderschönen Bild, das man gerade heutzutage nicht verschweigen darf: *»Mit Mutterhänden leitet er / die Seinen stetig hin und her«* (V 5).

Was aber noch viel wichtiger ist: Es wird hier ganz deutlich, dass das Lob Gottes nicht beschränkt ist auf die heiteren Stunden.

Helmut Gollwitzer hatte recht, als er schrieb: »Wir haben die biblische Rede von der Liebe Gottes tief missverstanden, wenn wir denken, das sei eine Idee, die Menschen in zufriedenstellender Lage gekommen ist und mit der sie in religiösen Begriffen nichts anderes aussprachen als: ›Das Leben ist schön, wir haben es gut.‹« »Eine solche Vorstellung«, so fügte er hinzu, »taugt nur für sonnige Tage. Sie vergeht einem, wenn das Blatt sich wendet.«

Wenn jedoch in der Bibel und in Schütz' Lied von Gottes Güte die Rede ist, dann ist damit gemeint, was das inzwischen auch schon wieder abgegriffene Wort ›Solidarität‹ sagt: dass da einer auf unsere Seite tritt. Dass er es nicht besser haben wollte als wir, sondern sich für uns einsetzt und uns retten will. Das gibt es sonst nirgends. Das ist das Besondere an der biblischen Botschaft, dass sie dies sagen kann.

Glauben heißt darum: Festhalten gegen alles, was uns zweifeln läßt: »Er ist freundlich, und seine Güte währet ewiglich« (1 Chr 16,34). Da kann man schon singen: »Gebt unserm Gott die Ehre!«

Während eines Treffens mit der Arbeitsgemeinschaft Christlicher Kirchen in Freiburgs Partnerstadt *Guildford* nahmen wir am Abendgebet in der Kathedrale teil. Jeden Morgen und jeden Abend singt dort der Chor. Zweimal am Tag wird Gottes Wort gelesen, wird gebetet und gesungen. Die Beteiligung aus der Bevölkerung ist nicht immer allzu groß. Ich habe den zuständigen Pfarrer gefragt, ob er nicht traurig darüber sei, dass nicht noch mehr Menschen zum Morgen- und Abendgebet kämen. Als Antwort stellte er mir die Gegenfrage: »Glauben Sie nicht, dass es für ein Gemeinwesen von grundsätzlicher Bedeutung ist, wenn in ihm tagaus, tagein Gott gepriesen wird, auch wenn«, so meinte er, »dies einige stellvertretend für andere tun?«

Wer Gott loben kann, bekommt einen klaren Blick. Er muss nicht nur Verfall und Verfehlungen wahrnehmen. Er kann auch das entdecken, was das Leben hell macht.

Für den, der Gott die Ehre gibt, werden zudem die Gewichte anders verteilt. Vieles, was sich furchtbar groß gibt, wird mit einem mal ganz klein. Und manches, was unscheinbar einhergeht, erhält Gewicht. Es gibt so manches, das wie ein Berg vor uns steht. Es bläht sich auf und tut so endgültig, dass wir den Mut und die Hoffnung verlieren. Die Gewissheit aber, dass Gott größer ist, lässt dem allem ein wenig die Luft heraus. Das kann frei machen, so dass man auch einmal über sich selbst lachen kann, wenn man sich von Enttäuschungen und Ängsten allzu rasch ins Bockshorn jagen lässt.

»Je mehr ein Mensch des ganzen Ernstes fähig ist«, hat der Philosoph *Arthur Schopenhauer* geschrieben, »desto herzlicher kann er lachen.« Ich möchte diesen Satz ein wenig abwandeln: Je mehr ein Mensch erfasst, dass es Gott mit seiner Liebe zu uns Menschen ernst ist, desto fröhlicher, nüchterner und unabhängiger kann er sein.

So wichtig dies jedoch ist und so richtig es sein mag: Wir müssen zugeben, dass wir es nicht immer schaffen, Gott von ganzem Herzen und aus freien Stücken zu preisen. Darum ist es auch für uns gut zu wissen, dass wir umgeben sind vom stellvertretenden Lob der Schöpfung und von Menschen, die uns ermutigen, doch einzustimmen: »*Ich will dich all mein Leben lang, / o Gott, von nun an ehren, / man soll, Gott, deinen Lobgesang / an allen Orten hören. ...*« (V 7).

Johann Sebastian Bach hat diese Strophe übrigens ausladender komponiert als die vorangehenden. So, als ob er uns ihre Botschaft besonders nahebringen wollte. Wenn wir aber noch immer zögern, wenn das Gotteslob noch immer nicht aus unserem Herzen und über unsere Lippen will, dann versucht es der Schlusschor erneut, indem er uns zuruft: »*Gott hat es alles wohl bedacht / und alles, alles recht gemacht. / Gebt unserm Gott die Ehre!*«

Nun lob, mein Seel, den Herren

EG 289 und Psalm 103

1. Nun lob, mein Seel, den Herren, / was in mir ist, den Namen sein. / Sein Wohltat tut er mehren, / vergiß es nicht, o Herze mein. / Hat dir dein Sünd vergeben / und heilt dein Schwachheit groß, / errett' dein armes Leben, /nimmt dich in seinen Schoß, / mit reichem Trost beschüttet, / verjüngt, dem Adler gleich; / der Herr schafft Recht, behütet, / die leidn in seinem Reich.

2. Er hat uns wissen lassen / sein herrlich Recht und sein Gericht, / dazu sein Güt ohn Maßen, / es mangelt an Erbarmung nicht; / sein' Zorn läßt er wohl fahren, / straft nicht nach unsrer Schuld, / die Gnad tut er nicht sparen, / den Schwachen ist er hold; / sein Güt ist hoch erhaben / ob den', die fürchten ihn; / so fern der Ost vom Abend, / ist unsre Sünd dahin.

3. Wie sich ein Mann erbarmet / ob seiner jungen Kindlein klein, / so tut der Herr uns Armen, / wenn wir ihn kindlich fürchten rein. / Er kennt das arm Gemächte / und weiß, wir sind nur Staub, / ein bald verwelkt Geschlechte, / ein Blum und fallend Laub: / der Wind nur drüber wehet, / so ist es nimmer da, / also der Mensch vergehet, / sein End, das ist ihm nah.

4. Die Gottesgnad alleine / steht fest und bleibt in Ewigkeit / bei seiner lieben G'meine, / die steht in seiner Furcht bereit, / die seinen Bund behalten. / Er herrscht im Himmelreich. / Ihr starken Engel, waltet / seins Lobs und dient zugleich / dem großen Herrn zu Ehren / und treibt sein heiligs Wort! / Mein Seel soll auch vermehren / sein Lob an allem Ort.

5. Sei Lob und Preis mit Ehren / Gott Vater, Sohn und Heilgem Geist! / Der wolle in uns mehren, / was er aus Gnaden uns verheißt, / daß wir ihm fest vertrauen, /

uns gründen ganz auf ihn, / von Herzen auf ihn bauen, / daß unser Mut und Sinn / ihm allezeit anhangen. / Drauf singen wir zur Stund: / Amen, wir werden's erlangen, / glaubn wir von Herzensgrund.

Text: Johann Gramann (um 1530) 1540; Str. 5 Königsberg 1549; Melodie: 15. Jh. »Weiß mir ein Blümlein blaue«; geistlich Hans Kugelmann (um 1530) 1540

***

Lobe den Herrn, meine Seele, / und was in mir ist, seinen heiligen Namen! / Lobe den Herrn, meine Seele, / und vergiß nicht, was er dir Gutes getan hat: / der dir alle deine Sünde vergibt / und heilet alle deine Gebrechen, / der dein Leben vom Verderben erlöst, / der dich krönet mit Gnade und Barmherzigkeit, / der deinen Mund fröhlich macht, / und du wieder jung wirst wie ein Adler. / Der Herr schafft Gerechtigkeit und Recht / allen, die Unrecht leiden. / Er hat seine Wege Mose wissen lassen, / die Kinder Israel sein Tun. / Barmherzig und gnädig ist der Herr, / geduldig und von großer Güte. / Er wird nicht für immer hadern / noch ewig zornig bleiben. / Er handelt nicht mit uns nach unsern Sünden / und vergilt uns nicht nach unsrer Missetat. / Denn so hoch der Himmel über der Erde ist, / läßt er seine Gnade walten über denen, die ihn fürchten. / So fern der Morgen ist vom Abend, / läßt er unsre Übertretungen von uns sein. / Wie sich ein Vater über Kinder erbarmt, / so erbarmt sich der Herr über die, die ihn fürchten. / Denn er weiß, was für ein Gebilde wir sind; / er gedenkt daran, daß wir Staub sind. Ein Mensch ist in seinem Leben wie Gras, / er blüht wie eine Blume auf dem Felde; / wenn der Wind darüber geht, so ist sie nimmer da, / und ihre Stätte kennet sie nicht mehr. / Die Gnade aber des Herrn währt von Ewigkeit zu Ewigkeit / über denen, die ihn fürchten, / und seine Gerechtigkeit auf Kindeskind / bei denen, die seinen Bund halten / und gedenken an seine Gebote, daß sie danach tun. / Der Herr hat seinen Thron im Himmel errichtet, / und sein Reich herrscht über alles. / Lobet den Herrn, ihr seine Engel, / ihr starken Helden, die ihr seinen Befehl ausrichtet, / daß man höre auf die Stimme seines Wortes! / Lobet den Herrn, alle seine Heerscharen, seine Diener, die ihr seinen Willen tut! / Lobet den Herrn, alle seine Werke, / an allen Orten seiner Herrschaft! / Lobe den Herrn, meine Seele! (Ps 103)

Im Sommer 1519 fand in Leipzig die später *so* berühmt gewordene Disputation zwischen *Martin Luther* und *Johannes Eck* statt. Als Ecks Assistent wirkte der junge Magister und Rektor der Leipziger Thomasschule *Johann Gramann*. Er hatte Ecks Reden nachzuschreiben. Dabei hatte er Gelegenheit, Martin Luther zu hören. Die auf die Schrift gegründeten Argumente des Reformators überzeugten ihn.

Johann Gramann bezog die Universität Wittenberg, lernte neben Luther auch *Melanchthon* kennen und schloss sich immer mehr der Reformation an.

Der ebenfalls junge und, wie er, aus Franken stammende Hochmeister des Deutschritterordens, der spätere Herzog Albrecht, berief ihn schließlich auf Empfehlung Luthers nach Königsberg. Dort hatte Gramann in der Altstädter Kirche zu predigen. Er wirkte bei der Neuordnung der Kirche im ehemaligen Ordensland mit. Vor allem widmete er sich der Erziehungsarbeit. Auf dem Fundament der von ihm gegründeten Schule errichtete Herzog Albrecht 1544 die Königsberger Universität.

Neben all diesen Tätigkeiten war Johann Gramann der Seelsorger seines Landesherrn, eines bescheidenen und frommen Menschen. Auf dessen Wunsch setzte er Psalm

103 in Verse, damit, wie ein Zeitgenosse schrieb, »der freudige Grundton der Bibelworte auch durch den Gesang das Herz erwecken und aufmuntern mag.« So entstand das Lied *»Nun lob mein Seel den Herren«.*

Die meisten der übrigen Dichtungen Gramanns sind verlorengegangen. Auch unser Lied führte ein Schattendasein. Bis es während des Kirchenkampfes – also während der Auseinandersetzungen zwischen den hitlertreuen Deutschen Christen und der Bekennenden Kirche – neu entdeckt wurde. Wie in wenigen Liedern unseres Gesangbuchs ist hier die biblische Vorlage fast Zug um Zug aufgenommen. Die seltenen Veränderungen sind darum umso bedeutsamer.

Zuvor soll noch ein weiterer Name genannt werden, der für das Lied Bedeutung hat. Der Namen dessen, dem wir die Melodie verdanken: *Hans Kugelmann.* Er war Trompeter in Innsbruck, später in Augsburg und schließlich der leitende Musiker Ostpreußens.

So fängt unser Lied denn auch an *»Nun lob ...«.* Das klingt wie ein Trompetensignal oder wie ein Posaunenstoß: ›Wach auf, hör her und vergiss nicht, dass du mehr Grund zur Dankbarkeit hast als zur Klage.‹

Hand aufs Herz. Wie geht es Ihnen, wenn Sie gefragt werden, worüber Sie sich in den letzten Tagen am meisten gefreut und worüber Sie sich besonders geärgert haben? Was kommt Ihnen als Erstes in den Sinn? Ich kenne viele, die zunächst an den Ärger denken, den sie gehabt haben. Es ist geradezu unheimlich, wie der sich in uns festsetzen kann. Abgesehen von Kindern vor Weihnachten oder vor dem Geburtstag gibt es wenige Menschen, denen die Freude den Schlaf raubt. Es gibt aber viele Stunden, in denen Groll und Enttäuschungen so in uns bohren, dass wir nicht einschlafen können. Oft begleiten sie uns wie ein unheimlicher Unterton in den Tag und in die Arbeit hinein. Darum ist der Aufruf des Psalmisten so wichtig. Er will unseren Horizont erweitern und dadurch zugleich unser Leben hell machen.

Vor einiger Zeit hörte ich von einem Mann, dem es gelungen war, sich dem Zugriff der Nazis zu entziehen. Er hat Furchtbares mitgemacht. Eines Tages war er nahe daran aufzugeben. Er dachte, es habe alles keinen Sinn. Doch dann habe er sich erinnert.

Nach und nach lernte er, jedem verzweiflungsvollen Bild den langen Zug derer entgegenzusetzen, die mit offenem Antlitz vorwärts geschritten waren, um inmitten der Hölle die Brüderlichkeit zu üben. Er habe sich an das Stück Brot erinnert, das ihm einer hingehalten hat, als er fast am Verhungern war, an die Hilfe, die man ihm, dem Unbekannten, gewährt hat, damit er überleben könne.

Ich denke, es ist diese Haltung, von der der Psalmist redet. Die ist auch in harmloseren Zeiten wichtig. Es kommt doch immer wieder vor, dass wir uns mit einer gewissen Inbrunst in unserem Groll einrichten. In die dicke Luft unseres Selbstmitleids bläst jedoch frischer Wind, wenn wir uns an das erinnern, was es schon alles an Gutem in unserem Leben gab. An die Menschen, die zu uns standen, an die Hilfe, die wir erfuhren, an die Zeiten, in denen wir fröhlich waren. Wir können dann nämlich nicht mehr so tun, als habe sich alles gegen uns verschworen und wir seien die bloßen Stiefkinder des Glücks.

An dieser Stelle geht das Lied über den Psalm hinaus: »... und vergiß nicht, was er dir Gutes getan hat«, lesen wir dort. Bei Johann Gramann aber heißt es: »... *Sein Wohltat tut er mehren, / vergiß es nicht, o Herze mein*« (V 1).

»Wer danken kann«, hat Jörg Zink einmal geschrieben, »für den wird das Leben verlässlicher. Es hängt nicht mehr von zufälligen Erfahrungen ab. Er kann sich vielmehr darauf verlassen, dass der, der einmal gut an uns gehandelt hat, dies wieder tun wird, wenn es nötig ist.«

So richtig und so wichtig dies ist, damit ist jedoch noch nicht alles gesagt. Es gibt sie nämlich wirklich, die Augenblicke, in denen alles, was uns froh gemacht hat, ausgelöscht ist. Wir stehen wie im Schatten einer unübersteigbaren Mauer. Es mag ja auf der anderen Seite oder sonst irgendwo die Sonne scheinen. Wir jedenfalls sehen sie nicht. In einem solchen Fall hilft der Aufruf: ›Vergiss nicht!‹ oder ›Sei doch dankbarer!‹ überhaupt nicht. Er quält vielmehr.

Aus diesem Grund fordert unser Psalm nicht nur, er begründet. Wir lesen: »Er hat seine Wege Mose wissen lassen, die Kinder Israel sein Tun« (Ps 103,7).

Wer wissen will, wie er mit Gott dran ist, der kann es an dem ablesen, was dieser Gott an Israel und in Jesus getan hat. Darin wird sichtbar, dass er dem Schuldigen vergibt und die Schwachen trägt.

Auch an dieser Stelle weicht das Lied von seiner Vorlage ab. *»Er hat uns wissen lassen / sein herrlich Recht und sein Gericht ...«*, heißt es in V 2. Johann Gramann hat den Psalmvers verallgemeinert. Da haben Moses und die Kinder Israels Platz. Aber wir ebenfalls.

Zugleich wird noch etwas anderes sichtbar. »Der Herr schafft Gerechtigkeit und Recht allen, die Unrecht leiden«, heißt es im 103. Psalm. Auch das steckt in dieser Liedstrophe.

Nun erzählt der Prophet Jesaja einmal vom Knecht und Boten Gottes, der hinausgesandt wurde in die Welt, um das Gottesrecht aufzurichten. Ausgerechnet in diesem Zusammenhang heißt es: »Das geknickte Rohr wird er nicht zerbrechen, und den glimmenden Docht wird er nicht auslöschen« (Jes 42,3). Vermutlich steht hinter diesen Worten ein alter Rechtsbrauch, ähnlich der uns bekannten Sitte, über einem Verurteilten den Stab zu brechen.

Das ist der Weg, auf welchem Gott sein Recht in dieser Welt vertritt: Er urteilt nicht ab. Er richtet auf. Ja noch mehr. Er nimmt lieber alles, was uns als Folge unseres Tuns treffen sollte, auf sich, als dass es unser Leben belastet und schädigt. Nicht von ungefähr heißt es an einer anderen Stelle vom Gottesknecht: »Fürwahr, er trug unsere Krankheit und lud auf sich unsere Schmerzen. ... Die Strafe liegt auf ihm, auf dass wir Frieden hätten, und durch seine Wunden sind wir geheilt« (Jes 53,4.5). Kann man da anders als mit dem Psalmisten jubeln: »Barmherzig und gnädig ist der Herr, geduldig und von großer Güte.«

Nun gibt es freilich noch etwas ganz anderes, das uns die Freude verderben und den Jubel im Keim ersticken möchte. Wie sollen wir, ohne oberflächlich zu werden, wirklich dankbar sein, wenn alles auf dieser Erde vom Tod gezeichnet ist und vergehen muss?

»Ein Mensch ist in seinem Leben wie Gras«, sagt der Psalmist. »... *fallend Laub*«, heißt es im Lied. »... *der Wind nur drüber wehet, / so ist es nimmer da, / also der Mensch vergehet, / sein End, das ist ihm nah*« (V 3).

Es ist schon erstaunlich, dass ein Loblied dies so einfach zugibt. Hier wird also nichts beschönigt. Die Wirklichkeit des Lebens wird nicht zugetüncht. Doch dann steht dem allem der Satz entgegen: »*Die Gnade aber des HERRN währt von Ewigkeit zu Ewigkeit.*«

In unsere Sprache übersetzt heißt das: Es mag alles vergehen. Menschen mögen sterben, Hoffnungen zerbrechen, Vertrauen betrogen werden. Dass Gott sich uns zuwendet, bleibt. Das gilt. Und weil es so ist, hat der Tod das letzte Wort verloren. Er ist keine Endstation mehr, sondern ein dunkler – zugegeben ein sehr dunkler – Weg auf welchem ER jedoch mit dabei ist, um uns hindurchzuführen.

Dies ist der tiefste Grund, weshalb der Psalm und das Lied schließlich alle zur Freude auffordern können, die Menschen und die gesamte Schöpfung. »*Lobet den HERRN, alle seine Werke*«, heißt es am Ende des Psalms.

Auf eine eigene, aber großartige Weise hat *Ernesto Cardenal* davon gesprochen, als er schrieb: »Unser Körper spricht ein tiefes Dankgebet, wenn er seinen Durst mit einem Glas Wasser stillt. Wenn wir uns an heißen Sommertagen in die Fluten eines kühlen Flusses stürzen, singt unsere Haut eine Dankeshymne an ihren Schöpfer, auch wenn dies ohne unsere Zustimmung, ja sogar gegen unseren ausdrücklichen Willen geschieht. Wir leben umgeben von Wundern. Eine Maus ist ein Wunder. Alles Natürliche ist ein Wunder. Die ganze Schöpfung ist die Schönschrift Gottes. Wir müssen nur verstehen, sie zu lesen.«

Wir sind also von mehr Gotteslob umgeben, als wir gemeinhin ahnen. Da die Psalmen, da auch das Lied ein Teil des Gotteslobes sind, das diese Welt vom einen bis zum anderen Ende durchzieht, können sie uns helfen, wenn wir einmal meinen, keine Möglichkeit mehr dazu zu haben, weil wir zu müde sind, zu kraftlos, zu enttäuscht. In solchen Augenblicken bieten sie sich an, unserer Sprachlosigkeit Worte zu verleihen. Ja noch mehr. Wir können uns in sie fallen und durch unsere Kraftlosigkeit hindurchtragen lassen.

Es hat einen guten Sinn, dass Gramanns Lied bereits sehr früh durch eine weitere Strophe ergänzt wurde. Die entspricht nicht nur dem »Ehre sei dem Vater und dem Sohn …«, das schon in der alten Kirche dem Psalmgebet angefügt wurde. Es steht in ihr vielmehr etwas, das uns immer wieder selbst zu sprechen bleibt: Die Bitte an Gott, dass durch das, was wir hören und durch das, was wir sehen, unser Vertrauen gestärkt wird. Damit auch wir, allem entgegen, was uns zu schaffen macht, singen können: »*Amen, wir werden's erlangen, / glaubn wir von Herzensgrund.*«

Geh aus, mein Herz, und suche Freud
EG 503

1. Geh aus, mein Herz, und suche Freud / in dieser lieben Sommerzeit / an deines Gottes Gaben; / schau an der schönen Gärten Zier / und siehe, wie sie mir und dir / sich ausgeschmücket haben, / sich ausgeschmücket haben.

2. Die Bäume stehen voller Laub, / das Erdreich decket seinen Staub / mit einem grünen Kleide; / Narzissus und die Tulipan, / die ziehen sich viel schöner an / als Salomonis Seide, / als Salomonis Seide.

3. Die Lerche schwingt sich in die Luft, / das Täublein fliegt aus seiner Kluft / und macht sich in die Wälder; / die hochbegabte Nachtigall / ergötzt und füllt mit ihrem Schall / Berg, Hügel, Tal und Felder, / Berg, Hügel, Tal und Felder.

4. Die Glucke führt ihr Völklein aus, / der Storch baut und bewohnt sein Haus, / das Schwälblein speist die Jungen, / der schnelle Hirsch, das leichte Reh / ist froh und kommt aus seiner Höh / ins tiefe Gras gesprungen, / ins tiefe Gras gesprungen.

5. Die Bächlein rauschen in dem Sand / und malen sich an ihrem Rand / mit schattenreichen Myrten; / die Wiesen liegen hart dabei / und klingen ganz vom Lustgeschrei / der Schaf und ihrer Hirten, / der Schaf und ihrer Hirten.

6. Die unverdroßne Bienenschar / fliegt hin und her, sucht hier und da / ihr edle Honigspeise; / des süßen Weinstocks starker Saft / bringt täglich neue Stärk und Kraft / in seinem schwachen Reise, / in seinem schwachen Reise.

7. Der Weizen wächset mit Gewalt; / darüber jauchzet jung und alt / und rühmt die große Güte / des,

der so überfließend labt / und mit so manchem Gut begabt / das menschliche Gemüte, / das menschliche Gemüte.

8. Ich selber kann und mag nicht ruhn, / des großen Gottes großes Tun / erweckt mir alle Sinnen; / ich singe mit, wenn alles singt, / und lasse, was dem Höchsten klingt, / aus meinem Herzen rinnen, / aus meinem Herzen rinnen.

9. Ach, denk ich, bist du hier so schön / und läßt du's uns so lieblich geh'n / auf dieser armen Erden: / was will doch wohl nach dieser Welt / dort in dem reichen Himmelszelt / und güldnen Schlosse werden, / und güldnen Schlosse werden!

10. Welch hohe Lust, welch heller Schein / wird wohl in Christi Garten sein! / Wie muß es da wohl klingen, / da so viel tausend Seraphim / mit unverdroßnem Mund und Stimm / ihr Halleluja singen, / ihr Halleluja singen.

11. O wär ich da! O stünd ich schon, / ach süßer Gott, vor deinem Thron / und trüge meine Palmen: / so wollt ich nach der Engel Weis / erhöhen deines Namens Preis / mit tausend schönen Psalmen, / mit tausend schönen Psalmen.

12. Doch gleichwohl will ich, weil ich noch / hier trage dieses Leibes Joch, / auch nicht gar stille schweigen; / mein Herze soll sich fort und fort / an diesem und an allem Ort / zu deinem Lobe neigen, / zu deinem Lobe neigen.

13. Hilf mir und segne meinen Geist / mit Segen, der vom Himmel fleußt, / daß ich dir stetig blühe; / gib, daß der Sommer deiner Gnad / in meiner Seele früh und spat / viel Glaubensfrüchte ziehe, / viel Glaubensfrüchte ziehe.

14. Mach in mir deinem Geiste Raum, / daß ich dir werd ein guter Baum, / und laß mich Wurzel treiben. / Verleihe, daß zu deinem Ruhm / ich deines

*Gartens schöne Blum / und Pflanze möge bleiben, /
und Pflanze möge bleiben.*

*15. Erwähle mich zum Paradeis / und laß mich bis
zur letzten Reis / an Leib und Seele grünen, / so will
ich dir und deiner Ehr / allein und sonsten keinem
mehr / hier und dort ewig dienen, / hier und dort
ewig dienen.*

Text: Paul Gerhardt 1653; Melodie: August Harder vor 1813

Die Ferien stehen vor der Tür. Da sind viele von uns
unterwegs, ins Gebirge, ans Meer und ich weiß nicht,
wohin sonst noch.

Paul Gerhardt meint jedoch, dass nicht nur die Füße
ausgehen sollen, oder die Räder oder die Triebwerke,
sondern das Herz. – Warum? Wegen der Freude!

Die Schöpfungsgeschichte erzählt, dass Gott nach der
Erschaffung des Menschen den Ruhetag ausgesondert
und gesegnet habe. Den hat er zunächst sich selbst ge-
gönnt, um sich an der Schöpfung zu freuen. Und nun
gönnt er ihn uns, damit wir das Gleiche tun.

Unsere Welt enthält nämlich nicht nur Dunkles. Da gibt
es nicht nur Unrecht und Gewalt, Leiden und Tod. Es gibt
auch Anlässe, sich zu freuen. Die Blumen und die Bäume,
die Käfer und die Vögel, das Gras auf der Wiese, der gel-
be Sand der Wüste, die Gischt in der Brandung, die Wellen
im Meer – das alles gehört dazu. Darum können die Augen
das Herz unterstützen. Paul Gerhardt ruft sie zur Hilfe.

»Man sollte einmal«, so hat einer zu unserem Lied geschrieben, »an einem Januartag ein paar Aufnahmen von
einem Garten machen und ohne Übergang Bilder aus
dem Juni daneben stellen. … Auch wenn man das Spiel
der Jahreszeiten bald fünfzigmal erlebt hat, die Verblüf-
fung wird nicht kleiner. Kahl und fahl liegt das Erdreich
im Winter da. Ein paar dürre Stengel und schwarze Äste
ragen in die Luft. Und dann zieht es – jedesmal fast über
Nacht – sein grünes Kleid an.«

Auch die Ohren eilen bei Paul Gerhardt dem Herzen zu Hilfe. Das Singen der Vögel, das Rauschen des Baches, das Blöken der Lämmer, das Summen der Bienen – sie alle wollen sagen, dass es Grund zur Freude gibt.

In seinem Lied malt Paul Gerhardt dichte Bilder. Es sind nur drei kurze Sätze, aber man sieht sie vor sich: die Glucke und ihr Völklein, den Storch beim Nestbau und die aufgesperrten Schnäbel der jungen Schwalben.

Das gab es damals in Mittenwalde, wo der Dichter zu jener Zeit Propst gewesen ist. Ähnliches ist aber auch in ganz anderen Landschaften zu entdecken. Auch dort erfahren die Menschen das Wunder der Natur im Frühjahr, wenn die Wüste blüht, im Sommer, wenn der Oleander die Bäche säumt und wenn die Lämmer oder die jungen Kamele sich um die Mutter drängen.

Dennoch geht es in unserem Lied nicht um eine Idylle im Volkston. Paul Gerhardt zeichnet vielmehr den 104. Psalm nach. Im Grunde ist jede Strophe durchzogen von biblischen Bildern. Wer die Ober- und Untertöne zu hören versteht, den verweisen Narzissus und die Tulipan auf Jesu Wort von den Lilien auf dem Feld. Die sagen: ›Macht euch nicht mit Sorgen kaputt. Verliert euch nicht an sie. Zersorgt euch nicht!‹

Die Glucke spricht von der Trauer des Herrn, der Jerusalem versammeln wollte, so, wie eine Henne ihre Küken unter den Flügeln birgt. Sie fragt, ob wir denn auf ihn hören.

Ähnliches wollen Storch und Schwalbe wissen. Nach den Worten des Propheten Jeremia kennen sie, wie alle anderen Zugvögel, die Zeit der Umkehr. »Aber mein Volk will das Recht des HERRN nicht wissen ...« (Jes 8,7b). Zugleich erinnert die Schwalbe an das Glück des Psalmisten: »Der Vogel hat ein Haus gefunden und die Schwalbe ein Nest für ihre Jungen – deine Altäre, HERR Zebaoth« (Ps 84,4). So geht es weiter.

Der Dichter lebt derart mit der Schrift, dass er ihre Worte überall wiederfindet. Das fröhliche Schreien der Hirten und der Herden zum Beispiel, war sicher auf den Wiesen um Mittenwalde zu hören. In Psalm 65 lesen wir: *»Die Anger sind voll Schafe und die Auen stehen dicht mit Korn, dass man jauchze und singe.«*

Die Freude, darauf verweisen die vielen biblischen Anklänge, hat einen ganz tiefen Grund. Den sieht man nur mit dem Herzen recht. Denn es geht hier um *»die große Güte des, der so überfließend labt und mit so manchem Gut begabt«* (V 7). Der gibt uns nicht nur eine Sorte Gemüse, nicht nur den Geschmack roher Kartoffeln. Er hat seine Schöpfung mit Farben und Formen, mit Gerüchen und Geschmäckern überschüttet, damit wir nicht nur von seinem Schöpferreichtum hören, sondern ihn auch erfahren. Wer sich von der Pracht der Blumen vor Augen malen lässt, wie groß die Möglichkeiten Gottes sind, wem Lerche und Nachtigall das Lob dieses Gottes ins Ohr singen, der soll dadurch ermuntert werden, es ihnen nachzutun.

Der zweite Teil unseres Liedes singt ebenfalls von der Freude und davon, dass diese einen bleibenden Grund besitzt. Sprach Paul Gerhardt bisher von der Schöpfung, so redet er jetzt von der Zukunft. Er weiß, dass dieses Leben und diese Erde nicht das Letzte sind. Es steht noch etwas aus, etwas ganz Entscheidendes. Dies nämlich, dass der Glaube vom Schauen abgelöst wird und dass wir ganz bei Gott sein werden.

Der wird nach den Worten der Johannes-Offenbarung die Tränen von unseren Augen abwischen. Er ist auch der helle Schein, von dem das Lied redet. Er ist das unvergängliche Licht, sagt wiederum die Johannes-Offenbarung. Darum braucht die zukünftige Gottesstadt keine Sonne mehr. Das Lied der Seraphim, von dem wir hier lesen, ist zugleich das Lied derer, die erfahren haben, wie groß Leid und Unrecht, Bosheit und Gewalt sein können – und dass Gott dennoch größer ist. So ist auch die Palme ein Sinnbild des Sieges – nach hartem Streit.

»Siehe, ich mache alles neu« (Offb 21,5), spricht Gott, der Herr, den Verfolgten zu. Ein neues Lied wird ihn dafür preisen, erzählt die Johannes-Apokalypse. Paul Gerhardt aber dichtet: *»... so wollt ich nach der Engel Weis / erhöhen deines Namens Preis / mit tausend schönen Psalmen ...«* (V 11).

Das Besondere an diesen Versen ist für mich, dass Paul Gerhardt hier von Gottes Reich redet. Er denkt dabei jedoch nicht an eine Hintertür, durch die wir der Not der Welt entkommen können. Das wurde den Christen ja immer wieder vorgeworfen. Sie reden vom Himmel, hat man gesagt, weil sie es auf der Erde nicht aushalten – und weil sie keine Kraft besitzen, die unerträglichen Zustände zu ändern.

Paul Gerhardt lebte in der Zeit des Dreißigjährigen Krieges. Er hat seine Frau und vier seiner fünf Kinder begraben müssen. Er hätte also Grund genug gehabt zu sagen: ›Wie freue ich mich, wenn ich endlich aus diesem Jammertal herauskomme.‹ Er tut es nicht! Paul Gerhardt redet von Gottes Welt. Und die ist schön. In ihr sieht er einen Widerschein der noch größeren Herrlichkeit Gottes.

Vielleicht geht es manchem ähnlich wie mir. Ich erlebe das Unrecht dieser Welt und empöre mich. Ich sehe viel Elend und leide daran. Dann aber finde ich diese Erde wieder berauschend schön und habe oft ein schlechtes Gewissen dabei.

Der Glaube – betont Paul Gerhardt demgegenüber – will die Freude an der Welt nicht madig machen. Er wagt es darum auch zu feiern. Denn es bedarf der Erinnerung an Elend und Tod nicht, um sich nach Gott zu sehnen. Er kann sich vielmehr an allem Erfreulichen, das er erfährt, auf den hinweisen lassen, der die Quelle der

Schönheit und der Freude ist. Darum ist es gut und wichtig, dass wir das Schöne um uns herum mit offenen Augen sehen und dass es uns zum Gleichnis wird für Gottes Herrlichkeit, die sich auch in unserer Umgebung spiegeln will. So wie schließlich für Paul Gerhardt selbst die Bäume und die Blumen zum Sinnbild des eigenen Lebens wurden: »*Mach in mir deinem Geiste Raum, / dass ich dir werd ein guter Baum, / und lass mich Wurzeln treiben.*« (V 14). In diese Bitte um Festigkeit, um ein Leben, das Frucht bringt, und um den Geist, der lebendig macht, können wir vermutlich alle einstimmen.

Vor einigen Jahren fand an der Heidelberger Universität eine Diskussion statt. An dieser Diskussion nahm der bereits betagte Professor *Helmut Gollwitzer* teil, einer der großen Gesellschaftskritiker und politisch engagierten Theologen der Nachkriegszeit. Sein Einsatz hatte dem zuweilen als ›rot‹ verschrienen Theologen manchen Ärger eingetragen. Als das Gespräch auf die Missstände in der Gesellschaft kam, wurde ausgerechnet er von einer Studentin, die ihn nicht kannte, angegangen: »Was tun denn Sie?« – Gollwitzer antwortete: »Ich tue etwas, was Sie vielleicht nicht verstehen und das Ihnen möglicherweise seltsam vorkommt. Ich bereite mich auf meinen Tod vor.«

»Der Sommer ist Reisezeit«, schrieb ein Ausleger unseres Liedes. »Einmal tritt jeder die letzte Reise an. Darauf wird's ankommen, dass man bis zuletzt im Sommer der Gnade bleibt.« Weil es aber diesen Gott und diese seine Gnade gibt, so möchte ich hinzufügen, darum ist es wichtig, dass wir offene Augen und offene Ohren behalten. Dass wir die Welt wahrnehmen, wie sie ist, mit ihren Schatten und mit ihren Grenzen, dass wir dabei aber nicht übersehen, was uns froh machen und zum Danken bringen kann. Damit schon heute, mitten unter uns, zumindest ein Abglanz dessen da ist, was einmal endgültig sein wird: das ewige Lob des ewigen Gottes.

Befiehl du deine Wege
Psalm 37 und EG 361

> *Entrüste dich nicht über die Bösen, / sei nicht neidisch auf die Übeltäter. / Denn wie das Gras werden sie bald verdorren, / und wie das grüne Kraut werden sie verwelken. / Hoffe auf den HERRN und tu Gutes, / bleibe im Lande und nähre dich redlich. / Habe deine Lust am HERRN; / der wird dir geben, was dein Herz wünscht. / Befiehl dem HERRN deine Wege / und hoffe auf ihn, er wird's wohl machen und wird deine Gerechtigkeit heraufführen wie das Licht / und dein Recht wie den Mittag.*
> *Sei stille dem HERRN und warte auf ihn. / Entrüste dich nicht, damit du nicht Unrecht tust. / Bleibe fromm und halte dich recht; / denn einem solchen wird es zuletzt gut gehen. / Aber der Herr hilft den Gerechten, / er ist ihre Stärke in der Not.*

Psalm 37,1-7a.8b.37.39

Das erste, was wir hier erfahren, wirkt ernüchternd, aber auch hart und klar. Gleich zu Beginn des Psalms lesen wir: *»Entrüste dich nicht über die Bösen. / Sei nicht neidisch auf die Übeltäter.«* Die hebräischen Worte, welche hier stehen, meinen nicht irgendeine moralische Entrüstung. Es geht vielmehr um den lodernden Zorn, um die helle Empörung, die einen packen kann, wenn man sieht, wie angesehen und gut gerade die leben, die vom Elend der anderen profitieren, die sich nicht zu sehr engagieren, die es mit der Wahrheit nicht zu genau nehmen, und denen Gott eher gleichgültig ist. Es geht auch um den brodelnden Groll, der fragt: Bin ich eigentlich blöde? Warum mache ich es nicht wie die anderen? Sie haben doch offensichtlich Erfolg damit, dass sie ihren Mantel in den Wind hängen, das rechte Parteibuch suchen und denen, die gerade Einfluss haben, nach dem Munde reden. Wenn aber Hofieren mehr zählt als Leistung, wenn Karriere wichtiger ist als Charakter, dann scheint in der Tat der der Dumme zu sein, der sich redlich müht und dabei immer wieder ausgenutzt wird.

Der Psalm bestreitet unseren Groll und unsere Empörung nicht. Er fragt jedoch zurück. Und er will ernüchtern. Dabei appelliert er an die Vernunft. Die sagt: Nicht alles, was groß tut, ist auch von Dauer. Viele Lügen haben kurze Beine, und wenn der Egoismus des einen auf die Selbstsucht des anderen prallt, sind oft beide die Verlierer. Dann aber fügt der Psalmbeter hinzu: *»Befiehl dem HERRN deine Wege und hoffe auf ihn. Er wird's wohl machen«* (V 5). Im Urtext steht hier übrigens ein seltsamer Ausdruck. Wörtlich übersetzt lautet er: ›*Wälze deinen Weg auf Gott zu.*‹ Das klingt eigenartig. Aber es ist wichtig.

Ich erinnere mich noch gut an die Nacht, in der mich Enttäuschung und Verbitterung nicht schlafen lassen wollten. Immer wieder ging in mir um, was ich als Unrecht empfand und wodurch ich mich missachtet fühlte. Doch dann war plötzlich ungerufen, aber ganz deutlich dieses Wort da: *»Befiehl dem Herrn deine Wege und hoffe auf ihn ...«* – ›Schleppe das, was dich plagt, zu Gott. Du musst es nicht verharmlosen. Du musst nicht so tun, als sei das alles nichts. Wälze es aber auch nicht immer nur in dir hin und her. Bringe es vor Gott.‹ Das ist im übrigen gar nicht so einfach. Es schließt ein hartes Stück Arbeit ein. Es macht jedoch frei.

1. Befiehl du deine Wege / und was dein Herze kränkt / der allertreusten Pflege / des, der den Himmel lenkt. / Der Wolken, Luft und Winden / gibt Wege, Lauf und Bahn, / der wird auch Wege finden, / da dein Fuß gehen kann.
2. Dem Herren mußt du trauen, / wenn dir's soll wohlergehn; / auf sein Werk mußt du schauen, /

wenn dein Werk soll bestehn. / Mit Sorgen und mit Grämen / und mit selbsteigner Pein / läßt Gott sich gar nichts nehmen, / es muß erbeten sein.

3. Dein ewge Treu und Gnade, / o Vater, weiß und sieht, / was gut sei oder schade / dem sterblichen Geblüt; / und was du dann erlesen, / das treibst du, starker Held, / und bringst zum Stand und Wesen, / was deinem Rat gefällt.

4. Weg hast du allerwegen, / an Mitteln fehlt dir's nicht; / dein Tun ist lauter Segen, / dein Gang ist lauter Licht; / dein Werk kann niemand hindern, / dein Arbeit darf nicht ruhn, / wenn du, was deinen Kindern / ersprießlich ist, willst tun.

»Befiehl dem Herrn deine Wege …« Aus diesem Psalmvers ist das Lied entstanden, das zu den bekanntesten Dichtungen Paul Gerhardts gehört.

Als *Ernst Barlach* einmal notierte, was ihm, angefeindet und als ›entarteter‹ Künstler verfemt, noch zu tun blieb, schrieb er am Ende: *»… und befiehl du deine Wege«.* Von *Elisabeth von Thadden* wissen wir, dass sie, an die Gestapo verraten und zum Tode verurteilt, mit diesem Lied ruhig und ohne zu zittern zur Hinrichtung ging.

Allen Verdächtigungen zum Trotz gelten unsere Verse also nicht bloß für beschauliche Stunden. Der Dichter Paul Gerhardt selbst war ja einer, dem das Leben hart zugesetzt hat. Mit zwölf Jahren verlor er den Vater; mit vierzehn seine Mutter. Er musste seine Frau hergeben und vier seiner Kinder. Drei Jahre lang war er des Amtes enthoben, weil er sich um des Gewissens willen geweigert hatte, seinem Landesherrn zu gehorchen. Trotzdem schrieb er im Testament an seinen Sohn, er solle dem Wort Gottes folgen *»… und sich daran nicht kehren, dass er nur wenige gute Tage dabei haben möchte. Denn da weiß Gott schon Rat.«* Dann fügte er einige Sätze hinzu, die ebenfalls den Geist unseres Psalms atmen: *»Tu in dei-*

nem Leben nichts Böses in der Hoffnung, es werde heim-
lich bleiben ... Außer deinem Amt und Beruf erzürne
dich nicht. Merkst du, dass der Zorn dich erhitzt habe, so
schweige stockstille und rede nicht eher ein Wort, bis du
die ›Zehn Gebote‹ und den christlichen Glauben bei dir
ausgebetet hast. Tu den Menschen Gutes, ob sie dir es
gleich nicht zu vergelten haben, denn was Menschen
nicht vergelten können, das hat der Schöpfer Himmels
und der Erde längst vergolten, da er dich erschaffen und
in der heiligen Taufe zu seinem Kind und Erbe angenommen hat.«

5. Und ob gleich alle Teufel / hier wollten widerstehn,
/ so wird doch ohne Zweifel / Gott nicht zurücke
gehn; / was er sich vorgenommen / und was er
haben will, / das muß doch endlich kommen / zu
seinem Zweck und Ziel.
6. Hoff, o du arme Seele, / hoff und sei unverzagt! /
Gott wird dich aus der Höhle, / da dich der Kummer
plagt, / mit großen Gnaden rücken; / erwarte nur
die Zeit, / so wirst du schon erblicken / die Sonn der
schönsten Freud.
7. Auf, auf, gib deinem Schmerze / und Sorgen gute
Nacht, / laß fahren, was das Herze / betrübt und
traurig macht; / bist du doch nicht Regente, / der alles führen soll, / Gott sitzt im Regimente / und führet
alles wohl.
8. Ihn, ihn laß tun und walten, / er ist ein weiser
Fürst / und wird sich so verhalten, / daß du dich
wundern wirst, / wenn er, wie ihm gebühret, / mit
wunderbarem Rat / das Werk hinausgeführet, / das
dich bekümmert hat.

Das Lied ist sehr kunstvoll gearbeitet. Dabei bildet jedes
Wort des Psalmverses den Anfang einer Liedstrophe:
»Befiehl dem Herrn deine Wege und hoffe auf ihn, er

wird's wohl machen ...« (Ps 37,1). – *»Befiehl du deine We-ge ...«* (Lied 361, V 1); *»Dem Herren musst du trauen ...«* (V 2) usw.

Von Bitterkeit und Empörung ist hier allerdings nichts zu spüren. Das Lied ruft zunächst dazu auf, Gott zu vertrauen, und es belegt, dass es Sinn hat zu beten: *»Befiehl du deine Wege und was dein Herze kränkt ...«* und es hat Sinn, sich an Gott zu halten, weil der zu uns steht und weil er größer ist als wir.

Wenn wir sagen, ich weiß nicht, wie es weitergehen soll, dann kennt er noch immer einen Weg, und wenn wir mit unseren Möglichkeiten am Ende sind, dann hat er noch so viele, wie es Wolken am Himmel gibt. So kann Paul Gerhardt fast trotzig sagen: *»Und ob gleich alle Teufel / hier wollten widerstehn, / so wird doch ohne Zweifel / Gott nicht zurücke gehen ...«* Paul Gerhardt kann aber auch ganz behutsam Mut zusprechen: *»Hoff, o du arme Seele, / hoff und sei unverzagt!«* Vor allem aber weiß er, wovon ganz am Anfang die Rede war: dass zum Glauben Durststrecken gehören; dass es Augenblicke gibt, in denen wir meinen, von Gott verlassen zu sein, und dass wir darum Menschen brauchen, die uns Mut machen, durchzuhalten.

Mit seinem Lied will Paul Gerhardt einer von ihnen sein. Darum mahnt er, darum verweist er auf Gottes Möglichkeiten und auf seine Macht.

Unter der Hand ist im Lied dabei etwas Interessantes geschehen. An drei Stellen redet der Dichter nicht den verzagten Menschen an, sondern Gott selbst. In der dritten, vierten und zwölften Strophe wird aus einem Trostlied ein *Gebet.* Das kann man auf eine doppelte Weise verstehen. Einmal so, dass Paul Gerhardt dem Niedergeschlagenen nicht nur gut zuredet, um ihn dann mit der Mahnung alleine zu lassen, *»Mit Sorgen und mit Grämen / und mit selbsteigner Pein / lässt Gott sich gar nichts neh-*

men, / es muss erbeten sein« (V 2). Er sagt uns auch Sätze vor, in denen wir uns selbst unterbringen können. Diese Worte wollen uns tragen. Sie wollen uns auch zu neuen Worten verhelfen, wenn uns die Kehle zugeschnürt ist und wir nicht wissen, was wir sagen sollen. Es wird noch etwas Zweites sichtbar. Die Worte, die Paul Gerhardt an andere richtet, gelten auch ihm selbst. Darum belehrt und bekennt und ermuntert er nicht nur, er steht vielmehr mit uns allen vor Gott, um ihm zu danken und um ihn, wenn es nötig ist, auch anzurufen und anzuflehen.

> *9. Er wird zwar eine Weile / mit seinem Trost verziehn / und tun an seinem Teile, / als hätt in seinem Sinn / er deiner sich begeben / und sollt'st du für und für / in Angst und Nöten schweben, / als frag er nichts nach dir.*
>
> *10. Wird's aber sich befinden, / daß du ihm treu verbleibst, / so wird er dich entbinden, / da du's am mindsten glaubst; / er wird dein Herze lösen / von der so schweren Last, / die du zu keinem Bösen / bisher getragen hast.*
>
> *11. Wohl dir, du Kind der Treue, / du hast und trägst davon / mit Ruhm und Dankgeschreie / den Sieg und Ehrenkron; / Gott gibt dir selbst die Palmen / in deine rechte Hand, / und du singst Freudenpsalmen / dem, der dein Leid gewandt.*
>
> *12. Mach End, o Herr, mach Ende / mit aller unsrer Not; stärk unsre Füß und Hände / und laß bis in den Tod / uns allzeit deiner Pflege / und Treu empfohlen sein, / so gehen unsre Wege / gewiß zum Himmel ein.*

Text: Paul Gerhardt 1653; Melodie: Bartholomäus Gesius 1603; bei Georg Philipp Telemann 1730

Jesaja dem Propheten das geschah

Predigt zu Jesaja 6 und zu Luthers Sanctus-Lied
aus der Deutschen Messe

*1 In dem Jahr, als der König Usija starb, sah ich den
Herrn sitzen auf einem hohen und erhabenen
Thron, und sein Saum füllte den Tempel. 2 Seraphim
standen über ihm; ein jeder hatte sechs Flügel: Mit
zweien deckten sie ihr Antlitz, mit zweien deckten
sie ihre Füße und mit zweien flogen sie. 3 Und einer rief zum andern und sprach: Heilig, heilig, heilig ist der HERR Zebaoth, alle Lande sind seiner Ehre
voll! 4 Und die Schwellen bebten von der Stimme ihres Rufens und das Haus ward voll Rauch. 5 Da
sprach ich: Weh mir, ich vergehe! Denn ich bin unreiner Lippen und wohne unter einem Volk von un-
reinen Lippen; denn ich habe den König, den HERRN
Zebaoth, gesehen mit meinen Augen. 6 Da flog einer der Seraphim zu mir und hatte eine glühende
Kohle in der Hand, die er mit der Zange vom Altar
nahm, 7 und rührte meinen Mund an und sprach:
Siehe, hiermit sind deine Lippen berührt, dass deine
Schuld von dir genommen werde und deine Sünde
gesühnt sei. 8 Und ich hörte die Stimme des Herrn,
wie er sprach: Wen soll ich senden? Wer will unser
Bote sein? Ich aber sprach: Hier bin ich, sende mich!*
Jes 6,1-9

***

*Jesaja, dem Propheten, das geschah,
Daß er im Geist den Herren sitzen sah
Auf einem hohen Thron im hellen Glanz,
Seines Kleides Saum den Chor füllet ganz.
Es stunden zween Seraph bei ihm daran,*

Sechs Flügel sah er einen jeden han,
Mit zween verbargen sie ihr Antlitz klar,
Mit zween bedeckten sie die Füße gar,
Und mit den andern zween sie flogen frei,
Gen ander rufen sie mit großem G'schrei:
Heilig ist Gott, der Herre Zebaoth,
Heilig ist Gott, der Herre Zebaoth,
Heilig ist Gott, der Herre Zebaoth,
Sein Ehr die ganze Welt erfüllet hat,
Von dem Geschrei zittert Schwell und Balken gar,
Das Haus auch ganz voll Rauchs und Nebel war.

Deutsche Messe und Ordnung des Gottesdienstes, 1526

I.

Die Verse aus Jesaja 6 enthalten die Berufungsgeschichte des Propheten Jesaja. Einen Teil davon hat *Martin Luther* in das Sanctus-Lied umgedichtet. Um beides soll es gehen: Um den Bibeltext und um das daraus entstandene Lied.

Zuerst zu Jesaja: Die Geschichte von der Berufung des Jesaja zerfällt in drei verschiedene Szenen. Am Ende einer jeden steht ein Satz: *»Weh mir, ich vergehe, denn ich bin unreiner Lippen«*, heißt der erste; *»Siehe, hiermit sind deine Lippen berührt, daß deine Schuld von dir genommen werde und deine Sünde gesühnt sei«*, der zweite. Der dritte Satz steht ganz am Ende. *»Hier bin ich, sende mich.«*

Dem ersten geht eine Erfahrung voraus und das tiefe Entsetzen, welches Jesaja erfasst hat. Der zweite folgt auf etwas, das von woanders her an dem Verzweifelten geschieht. Am Anfang des dritten Satzes aber steht eine Frage, auf die er selbständig antworten kann.

Wenden wir uns dem Anfang zu.

Ein Mensch begegnet Gott. Wie dieser Gott aussieht, wird nicht beschrieben. Es bleibt lediglich der Eindruck von überwältigender Erhabenheit. Bereits der Saum seines Gewandes füllt den Tempel. Wie groß muss dann alles andere sein! Engelwesen stehen um ihn. Sie bedecken ihr Antlitz, weil selbst sie seinen Anblick nicht ertragen können. Das Wort »Seraphim« ist nicht ganz klar. Möglicherweise heißt es: die Verbrennenden. »Lodernde Lichtwesen«, haben andere übersetzt. Auf alle Fälle weist diese Stelle darauf hin, dass von Gott ein ungeheures Licht ausgeht. Um den erhabenen Herrn breitet sich Glanz aus, strahlende Herrlichkeit. Aber dieses Licht blendet. Es verbirgt mehr, als es offenbart. So bleibt am Ende das Gefühl, einem unergründlichen Geheimnis gegenüberzustehen. Darauf weist auch der Satz hin, dass das Haus mit Rauch erfüllt wurde.

Die Begegnung mit Gott zeigt neben seiner Erhabenheit und Herrlichkeit also vor allem sein Geheimnis. Da dringt keiner von uns so einfach ein.

Von diesem Gott singen nun die himmlischen Boten. Eigentlich müsste Jesaja da einstimmen. Eigentlich müsste er als Geschöpf das Lob dieses Gottes vermehren. Er kann jedoch nicht. Jesaja begreift, dass er unfähig ist und unwürdig.

Wenn ein Mensch Gott gegenübertritt, so erzählt nicht nur diese, sondern auch manche andere Geschichte der Bibel, dann hält er es in dessen Gegenwart nicht aus.

Wäre unser Text hier zu Ende, gäbe es nur wenig Hoffnung. Die Begegnung mit Gott würde uns zerbrechen. Es bliebe tatsächlich nur die nutzlose Flucht oder der Selbstbetrug: ›Ich mache die Augen zu, und dich gibt es nicht mehr.‹

Doch die Geschichte hört damit nicht auf. Gott sei Dank! Sie geht weiter. Und dabei wird sichtbar, dass der Gott der Bibel anders ist als alle Bilder, die wir uns von ihm gemacht haben. Er ist weder der erhabene Gott der Philosophen noch der verzehrende Götze der

Heiden. Gott ist aber auch nicht das tötende Ideal der Moralisten.

»Wer ist wie der HERR, unser Gott, / im Himmel und auf Erden? / Der oben thront in der Höhe / der hierniederschaut in die Tiefe, / der den Geringen aufrichtet aus dem Staub ...« (Ps 113,5-7) So lautet der Jubel der Psalmen: Gott ist nicht nur oben. Darum geht es in unserer Geschichte. Einer aus der Welt des herrlichen Gottes steigt herab und geht auf Jesaja zu. Weil aber der unnahbare Gott nicht unnahbar blieb, darum muss auch der zerbrochene Mensch nicht zerbrochen bleiben.

Was hier in dieser Prophetengeschichte nur angedeutet wird, das ist endgültig geworden in Jesus von Nazareth. Er hat ein für allemal sichtbar gemacht, dass der Himmel auf die Erde, der Vollkommene zu den Unvollkommenen kam und dass darum auch bei uns nicht mehr alles beim Alten bleiben muss.

Unsere Geschichte macht dies an einem kühnen Bild deutlich. Der Seraph ergreift eine der Kohlen, die auf dem Altar glühen, und brennt die Schuld von Jesajas Lippen. Was vergeben ist, das ist beseitigt.

Eigentlich ist dieser Teil unseres Textes noch atemberaubender als der erste. Ja, bisweilen habe ich den Eindruck, als ob es mir und vielen anderen leichter fiele, mit dem gewaltigen Gott zu rechnen, als mit dem gnädigen. Gesetz, Reue, Gericht, das scheint uns eher einzugehen als Vergebung, Befreiung und Neuanfang. Deshalb quälen wir uns auch so oft mit harten Idealen, oder wir laufen resigniert davon, statt bei dem zu bleiben, der uns aufatmen und frei werden lässt. Aber hier in der Geschichte von der Berufung des Jesaja wird es beschrieben, und an vielen anderen Stellen der Bibel wird es bestätigt, dass Gott uns trotz unserer Schuld annimmt.

Darum geht es auch noch einmal weiter im Text. Jesaja kann aufstehen. Er kann hören und antworten. Vergebung, so wie die Bibel sie versteht, ist nämlich nicht das Ende einer Affäre. Sie ist der Anfang der Freiheit, der Beginn eines neuen Lebens. Dass uns Gott nicht aufgibt, dass er verzeiht, heißt zugleich, dass er uns Menschen zu seinen Mitarbeitern macht. Weil er uns eben nicht als Kreaturen will, sondern als Partner, darum führt er uns durch sein Werk weiter, indem er in unserer Schwäche stark ist und auf unseren krummen Zeilen gerade schreibt.

Gibt es etwas, das uns eine größere Würde verleiht als dies? Gibt es einen besseren Grund für uns, nun dennoch in den Lobgesang einzustimmen, den die Schöpfung Gott darbringt?

Das Wort, das Jesaja auszurichten hatte – ich habe dies schon angedeutet –, war ein hartes Wort. Da wurde weder ihm noch seinen Zeitgenossen etwas erspart. Umso wichtiger ist es zu wissen, dass es damit so anfing, wie hier erzählt wird und wie wir nun noch einmal miteinander singen wollen.

II.

Das *Jesaja-Lied* Luthers bringt nicht einfach die Geschichte von der Berufung des Propheten in Verse. Es macht eine eigene theologische Aussage, die genau seiner Liedform entspricht. Es berichtet nämlich von der Einsetzung eines Liedes.

Dabei wird die rhythmisch bewegte Prosaerzählung in das feierliche Gleichmaß einer Melodie überführt, die den Endreim betont. Der Vokal des Endreims ist fast durchgehend ein ›a‹: ›geschah‹ – ›sah‹ – ›Glanz‹ usw. Die a-Vokalsäule erinnert an das feierliche Halleluja der Liturgie. Nur das Gotteslob der Engel wird durch einen Wechsel des Reims vorbereitet und zielt in den Doppelvokal ›ao‹ im Namen des Herrn Zebaoth. Gott wird dreimal gepriesen. Drei ist die heilige Zahl, und seit alters hat die Kirche im Dreimal-Heilig der Jesaja-Vision, das im Lied den ganzen Aussagesatz umfasst und den Gottesnamen ausdrücklich nennt, einen alttestamentlichen Vorgriff auf die trinitarische Erscheinung Gottes gesehen.

Der Lobpreis des Liedes bestimmt auch die wenigen inhaltlichen Abweichungen von der biblischen Erzählung. Die *auffälligste* Änderung: In der biblischen Erzählung sagt der Prophet, was er gesehen hat: *»Ich sah den Herrn.«* Im Lied wird der Prophet gesehen:

> *»Jesaia, dem propheten, das geschach,*
> *das er ym geyst den herren sitzen sach ...«*

»... im Geist« ist neu. Es unterstreicht und verdeutlicht: Jesaja erlebt eine Vision. Die Vision sprengt die Grenzen von Raum und Zeit. Die Vision überhöht. Aus dem Stuhl wird ein hoher Thron in hellem Glanz; der Ruf der Seraphim ist mächtig verstärkt. Nicht nur Weihrauch, sondern auch Nebel füllt das Haus. Das ist eine sehr lutherische Paradoxie: Der Glanz Gottes ist so groß, dass er den menschlichen Blick trübt. Der sich offenbarende Gott ist auch der verborgene.

Die *wichtigste* Änderung: Die biblische Erzählung nennt den jüdischen Tempel als Ort des Ereignisses. Das Lied sagt stattdessen *»Chor«* und bezeichnet damit den Altarbereich der christlichen Kirche. Das sprengt nochmals Raum und Zeit der Jesaja-Vision und macht die einmalige Bezeugung des alttestamentarischen Gottes vor dem Propheten Jesaja zur Zeit des Königs *Usia* durchsichtig auf die in jedem christlichen Gottesdienst sich vollziehende Bezeugung Gottes in seinem gekreuzigten Sohn.

Diese Behauptung gewinnt an Schlüssigkeit durch die Beobachtung, dass Luther als Kirchenlieddichter den Beinamen *Zebaoth*, was ›*Herr der himmlischen Heerscharen*‹ heißt, von Gottvater auf den Gottessohn Jesus Christus überträgt, und zwar an markanter Stelle: im Bekenntnislied »*Ein feste Burg ist unser Gott*«. Der Herr auf dem glänzenden Thron im Chorraum der Kirche – das ist der Kruzifixus auf dem Altar. Der als offenbarter Gott verborgene Gott ist der am Galgen des Kreuzes erhöhte Christus, der am Galgen hängend den Thron der Herrschaft einnimmt.

Der Prophet fürchtet zu vergehen unter der Gewalt der Gotteserscheinung und ihrem Anspruch an ihn: hinzugehen und mit seinem Wort geschichtsmächtig zu werden, das noch dazu das Wort eines schrecklichen Strafgerichts ist. Das Allerseltsamste und Kühnste des Liedes ist vielleicht, dass es davon nichts sagt, sondern beim *Dreimal-Heilig* der Seraphim stehen bleibt, das als Sanctus in die Messe und in die lutherische Abendmahls-Liturgie übergegangen ist. Warum kann das Lied, das nach Luthers Bestimmung beim Abendmahl gesungen werden sollte, so enden? Warum kann aus einer Geschichte, die ursprünglich zum Gericht ruft, Jubel herausbrechen? Weil die Verborgenheit in der Offenbarung Gottes auch darin besteht, dass Gott in Christus seine Macht in seiner Brüderlichkeit ›verbirgt‹. Der Herr der himmlischen Heerscharen ist in Christus zum Bruder geworden, von dem das Zeugnis der Liebe ausgeht. Die Mitte der Messe, die Mitte des Abendmahls ist das *Geschenk* dieser Liebe und Blutsbrüderschaft Christi, das jubeln und feiern macht, so wie die Seraphim am Thron Gottes nichts sind als Preisende.

Im Licht des Sanctus, das lobpreist, obwohl es ursprünglich auf eine Gerichtsrede hinführt, wird sogar ein besonders eigentümlicher Zug der Abendmahlsgeschichte deutlich, der leicht übersehen werden kann: Der Bericht vom Verrat des Judas wird im Markusevangelium eingerahmt von der Episode der Salbung Christi in Bethanien (Mᴋ 14,3ff.) und vom Abendmahlsbericht (Mᴋ 14,12ff.). Die Salbung im Haus Simons des Aussätzigen ist Feier: Vordeutung zugleich auf den Tod und auf die Königsherrschaft Christi. Es gibt die Salbung der Könige; es gibt die Salbung der Toten. Im Vorblick auf seine Passion klagt und leidet Christus am Ölberg; aber auch im Vorblick auf Gericht und Tod bringt er es fertig, mit seinen Jüngern ein Festmahl zu nehmen; Brot und Wein geistlich *und leiblich* zu spenden und zu genießen. Es ist ein Feiern im Blick auf alles Leid der Welt.

Die Erzählung des Propheten Jesaja berichtet vom Auftrag, mit dem Wort Gottes in die Geschichte hineinzuwirken. Das Lied Luthers, das die Herkunft des Sanctus erzählt, spricht vom feiernden und lobpreisenden Wort und ist selbst Feier und Lobpreis am Thron Gottes. Deshalb springt es, wo es zum Lobpreis der Seraphim kommt, aus dem epischen Präteritum ins Präsens um: »*... gen ander ruffen sie mit grossem schrey: ...*«. Deshalb steht in diesem Lied die Gemeinde nicht am Ort, wo der Prophet steht, sondern an dem Ort, wo die jubelnden Engel stehen.

Seit Christen die Messe feiern, stehen sie da: Sie sind nicht die Funktionäre Gottes, denen er ein wenig Licht von seinem Glauben gewährt, damit sie zittern und spuren. Sie sind seine Kinder und Hausgenossen.

Davon zeugt die Benediktiner-Devise »*ora et labora*«. Das liturgische Gebet steht der Arbeit voran. Wir dürfen wirken, weil wir feiern dürfen, denn er hat uns zuerst geliebt. So ohnmächtig sind wir, dass Gott uns noch das Gotteslob lehren und schenken muss; so mächtig sind wir, daß wir die Worte seiner Engel in den Mund nehmen dürfen. Wir sind es, sofern wir als Glieder der Gemeinde Volk Gottes sind. Nur die feiernde Gemeinde als ganze kann an der Stelle stehen, wo die Engel sind; kein Einzelner könnte es, und sei es ein Prophet.

Schon die Bibel löst den Gottespreis der Jesaja-Vision von ihrer Herkunft in der Tiefe der Geschichte des jüdischen Volkes ab und überträgt sie in die Zukunft. Der Visionär der Johannes-Apokalypse sieht Gott auf seinem Thron, umgeben nun nicht von den sechsflügeligen Seraphim, sondern von den sechsflügeligen Evangelistensymbolen, die das Sanctus singen. Die Liturgie ist in anderer Weise als die Vision *Zeitsprengung*. Die Vision ist Ekstase, die Liturgie feierliche Wiederholung des immer Gleichen. So wie der sich in der Zeit bezeugende Gott der ewige Gott ist, so geht auch der Lobpreis Gottes in der Liturgie durch die Zeiten und Räume.

»Wie es war im Anfang, jetzt und immerdar, und von Ewigkeit zu Ewigkeit.« Wirkend und leidend, als Zeugen, stehen die Christen in der Geschichte; feiernd sind sie am Ziel, erfahren sie die Wiederkehr Christi, die im Abschied des Abendmahls schon begonnen hat; feiernd haben sie an der Ewigkeit Gottes teil. Singend ist die Gemeinde – in all ihrer Hinfälligkeit, selbst wenn ihr Gesang dünn und dürftig wäre – eins mit allen vergangenen und zukünftigen Geschlechtern des Gottesvolkes, ja sogar mit den Engeln und Erzengeln am Thron Gottes.

III.

Der vorige Abschnitt hat uns durch das, was er ausgesagt hat, auf den Gottesdienst verwiesen, und das ist nun in der Tat interessant. Was hier in der Geschichte von der Berufung des Propheten Jesaja sichtbar wurde, findet sich nämlich nicht nur in einzelnen Teilen, sondern im ganzen Aufbau des Gottesdienstes wieder.

»Im Namen des Vaters und des Sohnes und des Heiligen Geistes«, heißt es zu Beginn. Damit wird angesagt, dass das, was nun geschieht, keine Veranstaltung der Menschen ist. Es ereignet sich zwar alles für sie, aber es be-

ruht auf dem Auftrag Gottes selbst. Er will begegnen. Er möchte zu Wort kommen. *»Ehre sei dem Vater und dem Sohn und dem Heiligen Geist«*, singen wir darum, *»wie es war im Anfang, jetzt und immerdar und von Ewigkeit zu Ewigkeit.«* Wer hier einstimmt, der wird dadurch hineingenommen in das Gotteslob, welches diese Erde von einem bis zum anderen Ende durchzieht.

Was Jesaja erlebte, wird dann allerdings auch hier erfahrbar. Es ist unmöglich, daß einer dem lebendigen Gott gegenübertritt, ohne tief zu erschrecken. Darum folgen im Ablauf des Gottesdienstes das Bußgebet und der Ruf: *»Herr, erbarme dich!«* Wiederum, wie bei der Berufung des Propheten, antwortet dem Schuldbekenntnis der Zuspruch der Vergebung.

Von Gottes Güte und von der Vergebung der Schuld reden nun allerdings in noch ausführlicherer Weise die Lesungen und die Predigt. Hier erklingt zugleich die Frage *»Wen soll ich senden?«*

Der Weltbezug des Glaubens, der in der konkreten Auslegung des biblischen Wortes sichtbar wird, hat im Gottesdienst einen weiteren Merkposten: das Fürbittgebet. Hier werden die Nöte der Welt und die Sorgen Einzelner vor Gott beim Namen genannt. Spätestens an dieser Stelle sind sie unübersehbar im Gottesdienst anwesend. Sie klingen noch einmal an, wenn bei den Bekanntmachungen die Lebensäußerungen der Gemeinde, wenn Aufgaben und Arbeitsvorhaben genannt werden.

Wenn wir Gottesdienst feiern, gehen wir also den Weg des Jesaja nach. Wir erfahren die Botschaft von Gottes Größe. Wir erschrecken über unsere Schuld, wir hören das Wort von der Vergebung und zugleich den Ruf in die Nachfolge.

Es soll jedoch noch etwas Weiteres geschehen. In unserem sonntäglichen Hauptgottesdienst wird dies weniger deutlich als im Abendmahlsgottesdienst, wie ihn bereits die frühe christliche Gemeinde gefeiert hat.

Dort wurde der Lobgesang der Engel mit dem Huldigungsruf an den kommenden Herrn verbunden. *»Gelobt sei, der da kommt im Namen des Herrn. Hosianna in der Höhe.«*

Weil es ihn gab, den König, der auf einem Esel einzog, den Herrn, der sich zum Diener aller gemacht hat, den, der alle Gewalt hatte im Himmel und auf Erden und der sich ohnmächtig ans Kreuz schlagen ließ, weil durch ihn für alle gilt: Deine Schuld ist von dir genommen und deine Sünde gesühnt, darum können wir in der Tat tun, was für einen Menschen unmöglich ist. Wir können in das Lob der Engel einstimmen.

Auch darum geht es im Gottesdienst, dass hier Menschen zusammenkommen, um miteinander Gott zu verehren.

»Nicht aus Tradition, aus Todesfurcht, nicht auf jeden Fall, nicht deswegen, weil irgend jemand es befiehlt und irgend etwas erschrickt …, sondern aus dem einfachen Grund, weil Gott existiert« (A. Terz-Senjawskij). »Ich gehe zum Gottesdienst«, hat vor einiger Zeit jemand gesagt, »weil mir Gott etwas bedeutet.« Auch dies hat im evangelischen Gottesdienst seinen Raum. Das freie Lob der freien Liebe Gottes.

Das Gotteslob ist jedoch nicht nur ein Lob des Herzens. Es geschieht zugleich mit Mund und Händen. Es vollzieht sich im gemeinsamen Singen und Beten der Gemeinde, in gleicher Weise aber auch in dem, was einer tut, um anderen das Leben leichter zu machen. Damit schließt sich der Kreis. Denn nicht nur für die Bibel, sondern auch für unser ganzes Leben gilt, dass Loben und Bekennen, Bekennen und Handeln eine unauflösliche Einheit bilden.

Gott helfe uns dazu, dass wir dies nicht auseinanderreißen und dass darum immer wieder beide Worte unter uns zu finden sind, das Wort der Sendung, das etwas ausrichten und bewirken will, und das Wort der Freude über Gott, das es wagt, vor ihm da zu sein und zu danken.

Die Abschnitte I und III stammen von Karl-Heinz Ronecker; der Abschnitt II – über das Jesaja-Lied Luthers – von dem Germanisten Gerhard Kaiser.

Bitte, beachten Sie auch die folgenden Seiten

Elisabeth Moltmann-Wendel: Gib die Dinge der Jugend
mit Grazie auf. Texte zur Lebenskunst
Elisabeth Moltmann-Wendel: Der auf der Erde tanzt
Spuren der Jesusgeschichte
Gert Otto: Tod und Trauer brauchen Sprache
Hans-Richard Reuter: Beim Wort genommen. Predigten
Ingeborg Ronecker: JerusalemJahre. Von Intifada zu Intifada
Karl-Heinz Ronecker: Mit Literatur predigen
Eleonore von Rotenhan: Paradies im Niemandsland. Alzheimer
Martin Scharpe (Hg.): Heilige Nacht. Heiliger Tag
Die 100 schönsten Weihnachtsgedichte und -geschichten
Martin Scharpe (Hg.): Erdichtet und erzählt I und II
Das Alte / Das Neue Testament in der Literatur
Martin Scharpe / Wolfgang Erk (Hg.): Tag für Tag
Literarisches Geburtstagsbuch
Henning Scherf: Gast bei fremden Freunden
Eine Weltreise à la Scherf
Wieland Schmied: Bilder zur Bibel
Maler aus sieben Jahrhunderten erzählen das Leben Jesu
Wieland Schmied: Von der Schöpfung zur Apokalypse
Bilder zum Alten Testament und zur Offenbarung
Wieland Schmied: Ochs und Esel und andere Tiere der Bibel
52 Meisterwerke der europäischen Malerei
Gunda Schneider-Flume: Realismus der Barmherzigkeit
Friedrich Schorlemmer (Hg.): Das soll Dir bleiben
Für morgens und abends
Fulbert Steffensky: Gewagter Glaube
Fulbert Steffensky: Mut zur Endlichkeit
Sterben in einer Gesellschaft der Sieger
Fulbert Steffensky: Der Schatz im Acker. Gespräche mit der Bibel
Fulbert Steffensky: Schöne Aussichten
Einlassungen auf biblische Texte
Fulbert Steffensky: Schwarzbrot-Spiritualität
Fulbert Steffensky: Wo der Glaube wohnen kann
Fulbert Steffensky: Die Zehn Gebote
Fulbert Steffensky (Hg.): Ein seltsamer Freudenmonat
24 Adventsgedichte und 24 Adventsgeschichten
Hanna Wolff: Jesus als Psychotherapeut
Hanna Wolff: Jesus der Mann
Die Gestalt Jesu in tiefenpsychologischer Sicht
Eva Zeller: Das unverschämte Glück. Neue Gedichte

Radius-Verlag · Alexanderstraße 162 · 70180 Stuttgart
Fon 0711.607 66 66   Fax 0711.607 55 55
www.Radius-Verlag.de   e-Mail: info@radius-verlag.de